# 가정교회 삶 공부

## 첫 단계

요단

가정교회 삶 공부
첫 단계

# CONTENTS

# 가정교회 삶 공부

## 첫 단계

### 안내

도우미를 소개합니다.
도우미의 지시에 따라 공부해 봅시다.

| | |
|---|---|
| 목 적 | · 예수님을 영접하고 구원의 확신을 얻는다.<br>· 성경을 읽고 스스로 이해하는 능력을 배양한다.<br>· 신앙생활의 체계를 확립하며 신앙적 의문에 답을 얻는다. |
| 기 간 | **13주** ① 첫째 주 서론 ② 열셋째 주 평가 |
| 시 간 | |
| 등록금 | |
| 교 재 | 『가정교회 삶 공부 첫 단계』(요단), 『새번역 (표준새번역 개정판)』 |
| 과 제 | · 수업이 끝난 후 『가정교회 삶 공부 첫 단계』에서 그날 공부한 내용에 해당하는 과의 문제를 풀어 다음 클래스에 갖고 옵니다.<br>· 진도표에 나와 있는 대로 그 주일에 해당하는 성경을 읽고, 그 내용을 2~3페이지 정도로 요약해 오십시오(별지 참조). |
| 재수강 | **다음 경우가 되면 다음 기에 재수강해야 합니다(등록도 다시 합니다).**<br>· 첫 4번의 강의 중 2번을 놓치는 경우<br>· 결석일수가 3번 이상 되는 경우<br>· 요약 숙제가 4주 치 이상 밀린 경우 |
| 졸 업 | · 최종성적 60점 이상이고(출석25점, 요약25점, 시험50점)<br>· 결석일수 3회 이하이고<br>· 성경요약을 하신 분 |
| 시 험 | **기말고사(마지막 주)**<br>· 50 % 단답형(문제와 답을 미리 가르쳐 드립니다.)<br>· 25 % 성경구절 암기(반에서 같이 암송함)<br>· 25 % O X 문제(교재와 강의 내용 중에서 아주 쉽게) |
| 부탁사항 | **가능하면 5분 전에 도착해 주십시오.**<br>· 강의 첫 5분이 중요합니다. |

가정교회 삶 공부 첫 단계 진도표

# 가정교회 삶 공부 첫 단계 진도표

♣ (   ) 안의 것은 재수강자의 요약 성경입니다.

| 주 | 진 도 | 주 제 | 요약해 올 성경 본문 | |
|---|---|---|---|---|
| 1주 | | 서 론 | | |
| 2주 | 1과<br>2과 | 죄<br>하나님의 사랑 | 요한복음 1~4장 | (사도행전 1~4장) |
| 3주 | 3과<br>4과 | 회 개<br>신 앙 | 요한복음 5~8장 | (사도행전 5~8장) |
| 4주 | 5과<br>6과 | 중 생<br>구원의 확신 | 요한복음 9~12장 | (사도행전 9~12장) |
| 5주 | 7과<br>8과 | 그리스도인의 생활<br>성 장 | 요한복음 13~16장 | (사도행전 13~16장) |
| 6주 | 9과<br>10과 | 성 경<br>하나님 | 요한복음 17~21장 | (사도행전 17~20장) |
| 7주 | 11과<br>12과 | 그리스도<br>성 령 | 야고보서 1~5장 | (사도행전 21~24장) |
| 8주 | 13과<br>14과 | 교 회<br>교회회원 | 로마서 1~4장 | (사도행전 25~28장) |
| 9주 | 15과<br>16과 | 교회생활<br>가정교회 | 로마서 5~8장 | (고린도전서 1~4장) |
| 10주 | 17과<br>18과<br>19과 | 그리스도인의 신분<br>그리스도인의 행실<br>승리의 생활 | 로마서 9~12장 | (고린도전서 5~8장) |
| 11주 | 20과<br>21과 | 헌신의 동기<br>헌신의 방법 | 로마서 13~16장 | (고린도전서 9~12장) |
| 12주 | 22과<br>23과 | 헌신의 결심<br>헌신의 보상 | 요한1서 1~5장 | (고린도전서 13~16장) |
| 13주 | | 시 험 | | |

# 성경요약 요령
# 성경요약

## ▶ 성경요약의 요령

(1) 성경전서에 있는 소제목을 옮겨 적으십시오.

(2) 소제목이 포함하는 단원의 성경 절수를 적으십시오.

(3) 소제목 밑에 있는 내용을 5~8줄 정도 요약하십시오.

## ▶ 성경요약의 예(과제)

**(1) 인간이 되신 말씀(요한복음 1:1-18)**

그리스도는 영원 전부터 존재하셨던 인물이다. 이 말씀이 인간이 되어 세상에 오셨으나 유대인들은 이분을 맞아들이지 않았다. 이분을 영접하고 믿는 자들에게는 하나님의 자녀가 되는 특권이 주어졌다.

**(2) 세례자(침례자) 요한의 증거(요한복음 1:19-28)**

세례(침례) 요한은 자기가 예언자도 아니고 더구나 백성들이 고대하던 그리스도도 아니라는 것을 공식적으로 천명하였다. 그는 자신이 그리스도가 오시도록 길을 닦아 놓는 준비 작업을 하는 사람에 지나지 않는다고 말하였다.

가정교회 삶 공부
첫 단계
성경 암송 구절

# 성경 암송 구절

1. 로마서 3:10-11 의인은 없다. 한 사람도 없다. 깨닫는 사람도 없고, 하나님을 찾는 사람도 없다.

2. 이사야 59:2 오직, 너희 죄악이 너희와 너희의 하나님 사이를 갈라놓았고, 너희의 죄 때문에 주님께서 너희에게서 얼굴을 돌리셔서, 너희의 말을 듣지 않으실 뿐이다.

3. 히브리서 9:27 사람이 한 번 죽는 것은 정해진 일이요, 그 뒤에는 심판이 있습니다.

4. 요한복음 3:16 하나님께서 세상을 이처럼 사랑하셔서 외아들을 주셨으니, 이는 그를 믿는 사람마다 멸망하지 않고 영생을 얻게 하려는 것이다.

5. 베드로전서 2:24 그는 우리 죄를 자기의 몸에 몸소 지시고서, 나무에 달리셨습니다. 그것은, 우리가 죄에는 죽고 의에는 살게 하시려는 것이었습니다.

6. 이사야 53:6 우리는 모두 양처럼 길을 잃고, 각기 제 갈 길로 흩어졌으나, 주님께서 우리 모두의 죄악을 그에게 지우셨다.

7. 요한계시록 3:20 보아라, 내가 문 밖에 서서, 문을 두드리고 있다. 누구든지 내 음성을 듣고 문을 열면, 나는 그에게로 들어가서 그와 함께 먹고, 그는 나와 함께 먹을 것이다.

8. 요한복음 1:12 그를 맞아들인 사람들, 곧 그 이름을 믿는 사람들에게는, 하나님의 자녀가 되는 특권을 주셨다.

9. 에베소서 2:8-9 여러분은 믿음을 통하여 은혜로 구원을 얻었습니다. 이것은 여러분에게서 난 것이 아니요, 하나님의 선물입니다. 행위에서 난 것이 아닙니다. 그러므로 아무도 자랑할 수 없습니다.

10. 요한복음 5:24 내가 진정으로 진정으로 너희에게 말한다. 내 말을 듣고 또 나를 보내신 분을 믿는 사람은, 영원한 생명을 가지고 있고 심판을 받지 않는다. 그는 죽음에서 생명으로 옮겨갔다.

11. 요한1서 5:11-12 그 증언은 이것이니, 곧 하나님이 우리에게 영원한 생명을 주셨다는 것과, 바로 이 생명은 그 아들 안에 있다는 것입니다. 그 아들을 모시고 있는 사람은 생명을 가지고 있고, 하나님의 아들을 모시고 있지 않은 사람은 생명을 가지고 있지 않습니다.

12. 고린도후서 5:17 누구든지 그리스도 안에 있으면, 그는 새로운 피조물입니다. 옛 것은 지나갔습니다. 보십시오, 새 것이 되었습니다.

가정교회 삶 공부
첫 단계
서론

# 서 론 : 신앙생활에서 가장 중요한 것

## 1. 마태복음 22:34-40

(1) 예수님께서는 신앙의 핵심을 무엇이라고 말씀하셨습니까?

① ______________ 과의 수직적인 관계
② ______________ 과의 수평적인 관계

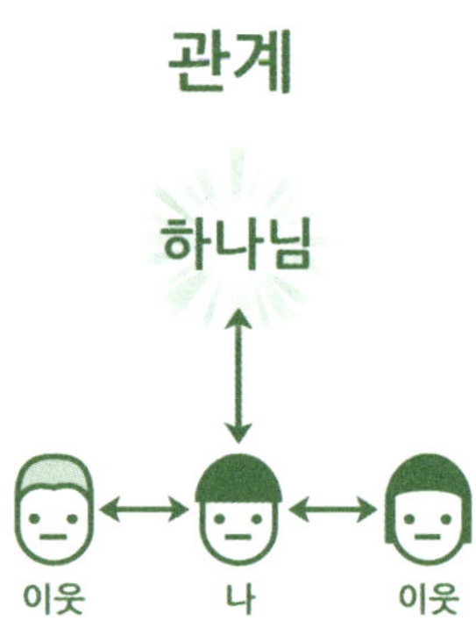


(2) '이것과 같은데'라는 말의 뜻은 무엇일까요? □안을 채우십시오.

□□□ 사랑과 □□ 사랑은 동일하다는 뜻입니다.

(3) 인간에게는 진정으로 이웃을 사랑할 능력이 없습니다. 이웃을 사랑할 수 있는 유일한 길은 하나님의 사랑이 우리를 통해 이웃에게 흘러가는 것뿐입니다.

〈로마서 7:18〉 "나는 내 속에 곧 내 육신 속에 □한 것이 깃들여 있지 않다는 것을 압니다."

## 관계

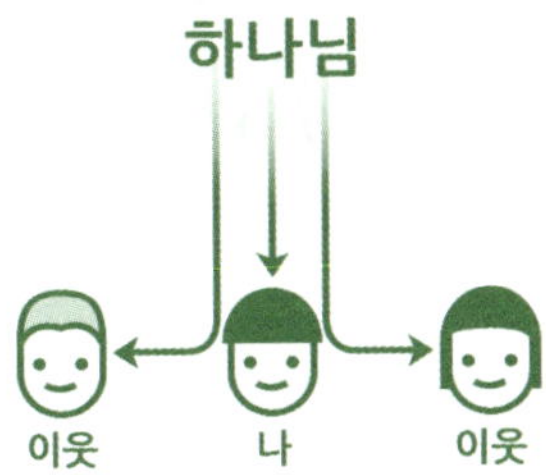


**(4) 하나님이 우리에게 무엇을 명령하실 때에는 두 가지 이유 때문입니다.**

① 하나님의 성품이 그렇기 때문에 그렇게 되라는 것입니다.
〈베드로전서 1:16〉 "내가 □□하니 너희도 □□하여라" 하였습니다.

② 하나님이 이미 그렇게 하고 계시기 때문에 그렇게 하라는 것입니다.
〈에베소서 4:32〉 "하나님께서 그리스도 안에서 여러분을 □□하신 것과 같이, 서로 □□하십시오."

③ 하나님을 마음과 목숨과 뜻을 다해서 사랑하라고 하신 것은 하나님께서 우리를 그렇게 사랑하시기 때문입니다.

2. 신명기 4:24에서 "질투"는 무엇을 의미합니까?

(    ) 남녀 간의 변덕스러운 감정
(    ) 라이벌을 해치려는 욕구
(    ) 정열적인 사랑

# 01 죄

세상에서 가장 아름다운 존재는 사람입니다. 하나님께서 그렇게 만드셨습니다. 인간은 하나님으로 더불어 영원히 살도록 지음을 받았지만, 사람들은 죄로 인하여서 하나님과 멀어졌습니다. 죄란 무엇일까요?

성경에서 죄는 '_______이다.' 라는 표현이 3군데 있습니다. 이 구절을 통해서 죄가 무엇인지를 좀 더 구체적으로 알아봅시다.

## 1. 요한1서 3:4

"죄를 짓는 사람마다 □□을 행하는 사람입니다. 죄는 곧 □□입니다."

**(1) 죄는 ____________ 입니다.**

**(2) 죄인은 무법자라고 말할 수 있습니다. 무법자란 법이 없는 사람이 아니라 □□가 법인 사람입니다.**

## 2. 야고보서 4:17

"그러므로 사람이 해야 할 선한 일이 무엇인지 □□□□ □□

'죄'란 무엇일까요?

□□□, 그것은 그에게 죄가 됩니다."

**(1) 죄는 ____________입니다.**

**(2) 여기에서 말씀하는 '선한 일'은 무엇을 의미합니까?**

______________________________

______________________________

______________________________

3. 로마서 14:23

"의심하면서 먹는 사람은 이미 단죄를 받은 것입니다. 그것은 □□ □ □□□□ □ □□ □□□ 때문입니다. 믿음에 근거하지 않은 것은 다 죄입니다."

**(1) 죄는 ____________ 입니다.**

**(2) 성령님이 우리에게 하지 말라고 하실 때 이것이 심령의 불편함으로 느껴집니다. 이것을 거역하는 것이 죄라고 사도 바울은 말하고 있습니다.**

**성경이 말하는 죄란 무엇입니까?**

하나님과의 □□에서 생겨난 문제입니다. 하나님 없이 살아보려는 우리의 태도, 자신이 하나님의 노릇을 하려는 것이 죄의 핵심입니다.

## 4. 인간은 모두가 죄인입니다.

로마서 3장 10절은 "성경에 이렇게 기록되어 있습니다. □□은 없다. 한 사람도 없다"라고 했습니다.

(1) 사람들은 무엇을 범했습니까?(로마서 3:23)

________________________________________

________________________________________

(2) 그러므로 사람들은 어떠한 상태에 있게 되었다고 선언합니까?
(로마서 3:9) 맞는 답에 V 표 하시오.

□ 죄 아래 □ 축복 아래

(3) 죄가 없는 사람도 있을까요? 요한1서 1장 8절을 아래에 적으시오.

________________________________________

________________________________________

5. 당신이 범한 죄가 어떠한 결과를 가져왔습니까? 서로 관련된 성구에 번호를 쓰시오.

| | |
|---|---|
| ① 하나님과 원수가 됨 | ( ) 로마서 6:23 |
| ② 하나님의 진노를 사게 됨 | ( ) 골로새서 1:21 |
| ③ 심판을 받음 | ( ) 마태복음 25:46 |
| ④ 죽음 | ( ) 요한복음 3:36 |
| ⑤ 영원한 형벌 | ( ) 요한복음 3:18 |

# 02 하나님의 사랑

죄로 말미암아 인간과 하나님의 관계가 차단되었습니다. 하나님은 오늘도 우리 인생들에게 온갖 좋은 것을 주시려고 준비하고 기다리십니다. 그러나 하나님이 내려주기 원하시는 사랑, 능력, 지혜가 죄로 인하여 우리에게 도달하지를 못합니다.

## 1. 하나님과의 관계가 차단됨

이사야 59장 1-2절에 "주님의 손이 짧아서 구원하지 못하시는 것도 아니고, 주님의 귀가 어두워서 듣지 못하시는 것도 아니다. 오직 너희 □□이 너희와 너희의 하나님 사이를 갈라놓았고, 너희의 □ 때문에 주님께서 너희에게서 □□을 돌리셔서, 너희의 말을 듣지 않으실 뿐이다"라고 했습니다.

'하나님의 사랑'이란 무엇일까요?

2. 하나님과 인간 사이를 가로막고 있는 죄 문제를 해결하기 위하여 오실 어떤 분을 하나님께서는 예고하셨습니다. 그 시작이 창세기 3장 15절입니다.

〈창세기 3:15〉 "내가 너로 □□와 원수가 되게 하고, 너의 자손을 여자의 자손과 원수가 되게 하겠다. 여자의 자손은 너의 □□를 상하게 하고, 너는 여자의 자손의 발꿈치를 상하게 할 것이다."

3. 이분이 오시기까지 인간은 죄의 저주 밑에서 살 수밖에 없습니다. 로마서 1:28-32에서 하나님과의 관계가 깨어져 죄의 저주 아래 있는 인간들의 모습을 어떻게 묘사하고 있습니까?

______________________________

______________________________

**인생이 부패한 원인은 생명이신 하나님을 삶 가운데로 모시는 것을 거절했기 때문입니다.**

4. 죄의 문제를 해결하실 분을 보내주실 것을 하나님은 예언자들을 통하여 약속하셨습니다.

〈이사야 53:6〉 "우리는 모두 양처럼 길을 잃고, 각기 제 갈 길로 흩어졌으나, 주님께서 우리 모두의 죄악을 그에게 지우셨다."

**이 말씀은 누구에 관한 예언일까요?** □□□

5. 하나님의 사랑

스스로 어찌 할 수 없는 막다른 곳에 서 있는 인간에게 하나님께서는 놀라운 사랑과 구원의 손길을 펼치셨습니다.

(1) 요한복음 3:16

"하나님께서 세상을 이처럼 □□□□□ 외아들을 주셨으니, 이는 그를 믿는 사람마다 멸망하지 않고 □□을 얻게 하려는 것이다."

(2) 마태복음 11:28

"□□하며 □□□ 짐을 진 사람은 모두 내게로 오너라. 내가 너희를 □□ 하겠다.

(3) 요한복음 14:6

"예수께서 그에게 말씀하셨다. 나는□이요, □□요, □□이다. 나를 거치지 않고서는, 아무도 아버지께로 갈 사람이 없다."

(4) 요한복음 6:44

"나를 보내신 □□□□□ 이끌어 주지 아니하시면, 아무도 내게 올 수 없다."

(5) 로마서 11:6

"은혜로 된 것이면, 행위에 근거한 것이 아닙니다. 그렇지 않으면, 그 □□는 이미□□가 아닙니다."

(6) 로마서 3:23-24

"모든 사람이 □를 범하였습니다. 그래서 사람은 하나님의 □□에 못 미치는 처지에 놓여 있습니다. 그러나 사람은, 그리스도 예수 안에서 얻는□□으로 말미암아, 하나님의 은혜로 값없이 □□□는 선고를 받습니다."

# 03 회개

하나님께서는 여러분을 위하여 오래 참으십니다. 하나도 멸망하지 않고 모두 회개하는데 이르기를 바라십니다(베드로후서 3:9). 그러므로 선지자들을 보내어 회개하고 복음을 믿으라고 하십니다(마가복음 1:15). 회개는 범한 죄를 인정하고, 그것을 후회할 뿐만 아니라 죄로부터 돌아서는 것입니다.

## 1. 회개는 구원의 선결조건입니다.

(1) 에베소서 2장 8–9절을 읽고 빈칸을 채워 보십시오.

"여러분은 □□을 통하여 □□로 □□을 얻었습니다. 이것은 여러분에게서 난 것이 아니요, 하나님의 □□입니다. □□ 에서 난 것이 아닙니다. 그러므로 아무도 자랑할 수 없습니다."

(2) □ 안에 기록한 단어의 뜻을 적어 보십시오.

은혜 ______________________________

믿음 ______________________________

구원 ______________________________

선물 ______________________________

행위 ______________________________

회개는 당신이 범한 죄를 인정하고, 그것을 후회할 뿐만 아니라 죄로부터 돌아서는 것입니다.

'회개'란 무엇일까요?

(3) 구원은 인간의 노력에 달린 것이 아니라 하나님의 □□로 주어진 것입니다.

## 2. 회개란 무엇입니까?

〈요한1서 1:9〉 "우리가 우리 죄를 □□하면, 하나님은 신실하시고 의로우신 분이셔서, 우리 죄를 용서하시고, 모든 불의에서 우리를 깨끗하게 해 주실 것입니다."

회개란 하나님과 죄에 관하여 □□하는 것입니다.

## 3. 회개한 자에게 하나님이 약속하신 것은 무엇입니까?

〈히브리서 8:12〉 "내가 그들의 불의함을 긍휼히 여기겠고, 더 이상 그들의 죄를 □□□□ 않겠다."

4. 회개에는 '지·정·의' 세 가지 요소가 다 포함됩니다. 죄라는 것을 인정하고(知), 죄지은 것에 대해 부끄러움을 느끼고(情), 죄짓지 않기를 결심하는(意) 것입니다.

〈누가복음 3:8〉 "회개에 □□□ □□를 맺어라. 너희는 속으로 '아브라함은 우리의 조상이다'하고 말하지 말아라. 내가 너희에게 말한다. 하나님께서는 이 돌들로도 아브라함의 자손을 만드실 수 있다."

**진정한 회개는 보상할 것이 있으면 보상해야 합니다.**

5. 어떻게 회개하여야 합니까? 아래의 성구를 읽고 연관된 말의 번호를 쓰시오.

| | |
|---|---|
| ① 뉘우치는 것 | ( ) 요한1서 1:9 |
| ② 자백하는 것 | ( ) 마태복음 21:29 |
| ③ 부끄러운 행동을 버리는 것 | ( ) 누가복음 19:8 |
| ④ 갚는 것 | ( ) 골로새서 3:8 |

6. 당신이 죄를 회개하면 어떤 일이 생깁니까? 아래 성구를 읽고 알맞은 말에 번호를 쓰시오.

| | |
|---|---|
| ① 죄를 용서해 주심, 불의에서 깨끗하게 해 주심 | ( ) 이사야 1:18 |
| ② 멸망의 구덩이에서 건져주심, 모든 죄를 용서하심 | ( ) 이사야 44:22 |
| ③ 죄를 기억하지 않으심 | ( ) 시편 51:9 |
| ④ 내 모든 죄악을 없애 주심 | ( ) 이사야 38:17 |

⑤ 죄가 안개처럼 사라짐 ( ) 히브리서 8:12

⑥ 눈과 같이 희어짐 ( ) 요한1서 1:9

# 04 신앙

회개한 것만으로 당신은 구원받을 수 없습니다. 믿어야 구원받습니다. 회개는 죄로부터 자신을 돌이키는 것이며, 믿음은 그리스도에게 자신을 맡기는 것입니다. 성경은 "회개하여라. 복음을 믿어라"(마가복음 1:15)고 말합니다.

## 1. 믿음은 예수님을 영접하는 것입니다.

〈요한복음 1:12–13〉 "그러나 그를 □□들인 사람들, 곧 그 이름을 □ □ 사람들에게는, 하나님의 자녀가 되는 특권을 주셨다. 이들은 혈통에서나, 육정에서나, 사람의 뜻에서 나지 아니하고, 하나님에게서 났다."

(1) 천국은 누가 가는 곳입니까?

(2) 하나님의 자녀가 되는 특권은 어떤 사람에게 주어집니까?

(3) 13절에 의하면, 하나님의 자녀가 되는 것은 ____________,
____________, ____________ 때문이 아닙니다.

'신앙'이란 무엇일까요?

## 2. 예수님을 어떻게 영접합니까?

〈요한계시록 3:20〉 "보아라, 내가 문 밖에 서서, 문을 두드리고 있다. 누구든지 내 음성을 듣고 □을 □□, 나는 그에게로 들어가서 그와 함께 먹고, 그는 나와 함께 먹을 것이다."

(1) '문'은 ______________ 문을 가리킵니다.

(2) '먹는다'는 것은 무엇을 의미할까요?

______________________________________________

______________________________________________

(3) 구원받고자 하는 인간의 의지보다 구원하고자 하는 하나님의 의지가 더 크기 때문에 당신이 기도로 □□의 문을 열기만 하면 됩니다.

## 3. 로마서 10장 9절을 기록하십시오.

______________________________________________

______________________________________________

**구원을 받기 위해서 사람이 해야 할 두 가지는 무엇과 무엇입니까?**

__________ 시인하며, __________ 믿는 것입니다.

4. 믿음은 그리스도를 주로 '시인하는 것'으로서 마태복음 16장 16절에 "선생님은 살아 계신 □□□의 □□ □□□□십니다."

그리스도에 대한 시인은,

첫째로, 그리스도는 사람일 뿐 아니라 □□□이시라는 것과,

둘째로, 그리스도는 우리의 죄를 □해 주시기 위하여 죽으셨다는 것과,

셋째로, 그리스도는 죽으셨다가 □□ 사셨다는 것을 당신이 시인하는 것입니다.

5. 믿음의 대상은 누구입니까?

우리가 믿는 믿음의 대상을 알아야 한다는 사실은 매우 중요한 일입니다. 왜냐하면 우리의 전부를 그에게 맡기기 때문입니다. 하나님께서 모세를 통하여 주신 십계명 가운데 첫째 계명과 둘째 계명을 보십시오.

"너희는 내 앞에서 다른 신들을 섬기지 못한다. 너희는 너희가 섬기려고 위로 하늘에 있는 것이나, 아래로 땅에 있는 것이나, 땅 아래 물 속에 있는 어떤 것이든지, 그 모양을 본떠서 우상을 만들지 못한다. 너희는 그것들에

게 절하거나, 그것들을 섬기지 못한다"(출애굽기 20:3-5).

**우리가 섬길 분은 한 분밖에 없습니다.**

〈사도행전 4:12〉 "이 □□ 밖에는, 다른 아무에게도 구원은 없습니다. 사람들에게 주신 이름 가운데 우리가 의지하여 구원을 얻어야 할 이름은, 하늘 아래에 이 이름 밖에 □□ □□이 없습니다."

〈사도행전 16:31〉 "그들이 대답하였다. □ □□를 믿으시오. 그리하면 그대와 그대의 집안이 구원을 얻을 것입니다."

**우리 믿음의 대상은 □□□입니다.**

6. 믿음이 어떻게 시작되는지에 대해 아래 성구를 읽고 적어 보시오.

로마서 10:17 ____________________________________________

______________________________________________________

〈고린도전서 12:3〉 "… 또 □□을 힘입지 않고서는 아무도 '□□는 □□이시다' 하고 말할 수 없습니다."

**믿음은 오랜 시간에 걸쳐 점차적으로 생기는 것이 아닙니다. 예수님을 영접하는 것이 믿는 것입니다.**

## 7. 믿음의 결과

**(1) 믿는 자에게 임하는 놀라운 축복을 당신은 아십니까?** 요한복음 3장 16절은 "하나님께서 세상을 이처럼 사랑하셔서 외아들을 주셨으니, 이는 그를 믿는 사람마다 멸망하지 않고 □□을 얻게 하려는 것이다"라고 말합니다. 영생이란 영원히 죽지 않는 것을 말합니다.

〈요한복음 11:25-26〉 "예수께서 마르다에게 말씀하셨다. '나는 부활이요 생명이니, 나를 믿는 사람은 □□□ □□, 살아서 나를 믿는 사람은 □□□ □□ 아니할 것이다. 네가 이것을 믿느냐?'"

**(2) 영생한 사람은 하나님의 안식에 들어갑니다.**

〈히브리서 4:3〉 "그 말씀을 믿은 우리는 □□에 들어갈 것입니다."

**(3) 안식에 들어간 자는 하나님의 영광을 봅니다.**

〈요한복음 11:40〉 "예수께서 마르다에게 말씀하셨다. '네가 믿으면 □□□의 □□을 보게 되리라고, 내가 네게 말하지 않았느냐?'"

8. 자신에게 다음과 같은 질문을 던져보고 '예', '아니오'로 답해 보십시오.

(1) 당신이 겪는 고통은 당신 자신의 죄 때문이었다는 것을 깨달습니까? ( )
(2) 당신이 죄인이었던 것을 인정하십니까? ( )
(3) 당신은 진심으로 회개하셨습니까? ( )
(4) 당신은 분명히 믿습니까? ( )

9. 금주의 성구를 암송하고 아래 빈칸에 써 보십시오(이사야 53:6).

______________________________________________

______________________________________________

좋습니다!
당신은 참으로 훌륭한 결심을 하셨습니다. 그러면 이제 당신은 여러 사람 앞에서 자기의 신앙을 고백해야 합니다. 하지만 이 결심이 신앙생활의 전부는 아닙니다. 이것은 시작에 불과합니다. 당신은 이제 겨우 첫걸음을 디뎠을 뿐입니다.

## 나의 신앙 간증

1. 옛 생활(예수 그리스도를 영접하기 전의 생활)

2. 믿게 된 동기(그리스도가 필요하다는 사실을 깨닫게 된 동기)

3. 믿음으로 얻은 경험(그리스도를 영접하게 된 이유)

4. 앞으로의 생활(그리스도를 영접한 후의 변화)

# 05 중생

신앙의 결심은 새로운 생활을 의미합니다. 새로운 생활이 없는 신앙은 있을 수 없습니다. 그것은 믿음으로 말미암아 죄인 되었던 당신이 그리스도를 영접함으로 죄에 대하여 죽고, 그리스도와 함께 새 생명을 얻었기 때문입니다. 그렇다면 당신은 믿음으로 말미암아 자신 속에 일어난 새로운 변화를 느끼십니까?

이전까지 당신의 생활이 아무리 선하게 보일지라도 잘못 살아왔습니다. 그것은 당신이 이때까지 하나님을 등지고 죄와 더불어 살아왔기 때문입니다. 그러나 이제부터 새로운 삶이 시작됩니다. 새로운 삶이란 하나님의 자녀로서 하나님과 동행하는 생활을 의미합니다. 자, 이제부터는 새로운 생활에 대하여 알아봅시다.

새로운 생활은 사람의 각오나 노력을 통해서 이루어지는 것이 아니라 성령을 통해 사람의 내적 변화에서 우러나오는 자연스러운 삶을 뜻합니다.

1. 요한복음 3장 1-8절에는 예수님과 니고데모의 대화가 나옵니다. 대화의 주제가 무엇입니까?

(1) 사람은 어떻게 거듭납니까?

(2) 사람의 생활이 변함으로 거듭나는 것이 아니고, 거듭났기 때문에 생활이 변하는 것입니다.

'중생'이란 무엇일까요?

2. 예수님을 영접하는 순간 어떤 변화가 일어납니까?

〈고린도후서 5:17〉 "누구든지 그리스도 안에 있으면, 그는 새로운 □□□입니다. 옛 것은 지나갔습니다. 보십시오, □□이 되었습니다."

**새로운 피조물이기 때문에 새로운 욕구와 새로운 능력을 소유하게 됩니다.**

3. 인위적인 방법으로는 결코 사람을 거듭나게 할 수 없습니다. 오직 하나님의 말씀을 믿고 예수님을 마음에 영접하여 예수님을 나의 주님이라고 입으로 시인할 때에만 당신은 하나님의 자녀로서 거듭난 자가 됩니다. 거듭난 자란 새 사람을 뜻합니다(에베소서 4:22-24). 그러면 새 사람은 어떠한 위치에 있게 되는지 다음의 성구를 찾아 읽고 답을 쓰십시오.

(1) 거듭난 자는 누구 안에 있다고 했습니까?

고린도전서 1:30 ______________________________

(2) 누구의 자녀가 되었습니까?

요한복음 1:12 ______________________________

(3) 무엇을 얻었습니까?

고린도전서 6:11 ______________________________

(4) 우리 안에 누가 거하십니까?

고린도전서 3:16 ______________________________

(5) 누구의 지체가 되었습니까?

고린도전서 6:15 ______________________________

(6) 그러므로 거듭난 자는 어떻게 살아야 합니까?

〈에베소서 5:1〉 "그러므로 여러분은 사랑을 받는 □□답게, 하나님을 본받는 사람이 되십시오."

〈에베소서 5:9〉 "빛의 열매는 모든 □과 □와 □□에 있습니다."

〈에베소서 2:10〉 "우리는 하나님의 작품입니다. □□ 일을 하게 하시려고, 하나님께서 그리스도 예수 안에서 우리를 만드셨습니다. 하나님께서 이렇게 미리 준비하신 것은, 우리가 □□ 일을 하며 살아가게 하시려는 것입니다."

Memo

# 06 구원의 확신

**당신은 틀림없이 구원받았습니까?**

고린도후서 13장 5절에 "여러분은 자기가 믿음 안에 있는지를 스스로 시험해 보고, 스스로 검증해 보십시오. 여러분은 예수 그리스도께서 여러분 안에 계시다는 것을 알지 못합니까? 모른다면, 여러분은 실격자입니다"라고 하였습니다. 신자가 구원의 확신을 갖는 것은 당연한 일이며 또 필요한 일입니다. 즉, 구원의 확신이 없으면 구원을 받았음에도 온전한 평화와 기쁨을 누리지 못하게 됩니다. 뿐만 아니라 실제적으로 그리스도인의 책임을 수행하지도 못합니다.

1. 구원의 확신은 신앙생활에 절대적으로 필요하지만 구원의 확신 자체가 우리를 구원하는 것은 아닙니다.

〈요한1서 5:13〉 "나는 하나님의 아들의 이름을 믿는 사람들인 여러분에게 이 글을 씁니다. 그것은 여러분이 영원한 생명을 가지고 있다는 것을 알게 하려는 것입니다."

2. 구원을 확신할 수 있는 근거가 무엇인지 알아봅시다.

〈요한1서 5:11-12〉 "그 증언은 이것이니, 곧 하나님이 우리에게 영원한 생명을 주셨다는 것과, 바로 이 생명은 그 아들 안에 있다는 것입니다. 그 □□을 모시고 있는 사람은 생명을 □□□ 있고, 하나님의 □□을 모시고 있지 않은 사람은 생명을 가지고 □□ □□□□."

(1) 이 증언은 누가 하신 것입니까?(요한1서 5:10)

____________________________________________

____________________________________________

(2) 어떤 사람이 아들을 모시고 있는 사람입니까?

____________________________________________

____________________________________________

## 3. 영생은 언제 얻습니까?

〈요한복음 5:24〉 "내가 진정으로 진정으로 너희에게 말한다. 내 말을 듣고 또 나를 보내신 분을 믿는 사람은, 영원한 생명을 □□□ □□ 심판을 □□ □□□. 그는 죽음에서 생명으로 □□□□."

____________________________________________

____________________________________________

## 4. 당신이 구원받은 사실을 어떻게 알 수 있습니까?

(1) 성경의 증거를 통해서 알 수 있습니다.

요한1서 5:13 ______________________________

(2) 성령의 증거를 통해서 알 수 있습니다.

로마서 8:16 ______________________________

(3) 우리의 경험을 통해서 알 수 있습니다.

① 하나님의 뜻에 순종하려는 것을 통하여 알 수 있습니다.

〈요한복음 14:15〉 "너희가 나를 □□하면, 내 □□을 □□ 것이다."

② 죄를 미워하고 죄를 이겨나가는 것을 통하여 알 수 있습니다.

〈요한1서 3:9〉 "하나님에게서 난 사람은 누구나 □를 □□ 않습니다. 하나님의 씨가 그 사람 속에 있기 때문입니다. 그는 □를 □ □ □ □□□□. 그가 하나님에게서 났기 때문입니다."

③ 의의 생활을 하려는 것을 통하여 알 수 있습니다.

〈요한1서 2:29〉 "여러분이 하나님께서 의로우신 분임을 알면, □를 □□는 사람은 누구나 다 하나님에게서 났음을 알 것입니다."

④ 형제를 사랑하려는 것을 통하여 알 수 있습니다.

〈요한1서 3:14〉 "우리가 이미 죽음에서 □□으로 옮겨갔다는 것을 우리는 압니다. 이것을 아는 것은 우리가 형제자매를 □□하기 때문입니다. 사랑하지 않는 사람은 죽음에 머물러 있습니다."

## 5. 그리스도 안에 있는 사람에게서 영생을 빼앗을 수가 있습니까?

요한복음 10:28

예 ( ) 아니오 ( )

(1) 예수님을 믿다가 믿음을 저버린 것 같은 사람은 어떤 사람들입니까?

______________________________

〈요한1서 2:18-19〉 "어린이 여러분, 지금은 마지막 때입니다. 여러분이 그리스도의 적대자가 올 것이라는 말을 들은 것과 같이, 지금 그리스도의 적대자가 많이 생겼습니다. 그래서 우리는 지금이 마지막 때임을 압니다. 그들이 우리에게서 갔지만, 그들은 우리에게 □□ □□□ □□□□□□. 그들이 우리에게 속한 자들이었더라면, 그들은 우리와 함께 그대로 남아 있었을 것입니다. 그러나 결국에는 그들은 모두 우리에게 속한 자들이 아니라는 사실이 드러나게 되었습니다."

(2) 구원받은 사람을 누가 지킨다고 했습니까?

〈요한복음 17:12〉 "내가 그들과 함께 지내는 동안은, 아버지께서 내게 주신 아버지의 □□으로 그들을 지키고 □□하였습니다."

(3) 구원받은 사람일지라도 하나님의 사랑에서 끊어질 수 있습니까?

〈로마서 8:38-39〉 "나는 확신합니다. □□도, 삶도, □□들도, □□□들도, □□ 일도, □□ 일도, 능력도, □□도, □□도, 그 밖에 어떤 □□□도, 우리를 우리 주 예수 그리스도 안에 있는 하나님의 사랑에서 끊을 수 없습니다."

6. 구원의 확신을 가진 사람의 축복은 무엇입니까? 구원의 확신을 가진 그리스도인의 생활은 활기가 있고 기쁨이 있으며, 평화가 있고 열심이 있습니다.

(1) 〈에베소서 3:12〉 "우리는 그리스도를 □□으로써, 그분 안에서 □□을 가지고, □□하게 하나님께 나아갑니다."

(2) 〈요한복음 14:27〉 "나는 □□를 너희에게 남겨 준다. 나는 내 □□를 너희에게 준다. 내가 너희에게 주는 평화는 세상이 주는 것과 같지 않다. 너희는 마음에 □□하지 말고, □□□하지도 말아라."

(3) 〈히브리서 4:16〉 "그러므로 우리는 □□하게 □□의 보좌로 나아갑시다. 그리하여 우리가 □□를 받고 □□를 입어서, 제때에 주시는 도움을 받도록 합시다."

7. 구원에는 받은 구원(과거), 받을 구원(미래), 받는 구원(현재)이 있습니다. 아래 구절을 옮겨 적으십시오.

(1) 〈요한복음 5:24〉 **(받은 구원)** ______________________________

______________________________________________

(2) 〈로마서 13:11〉 **(받을 구원)** ______________________________

______________________________________________

(3) 〈빌립보서 2:12〉 **(받는 구원)** ______________________________

______________________________________________

※ 금주의 성구를 암송하고 아래 빈칸에 써 보십시오(히브리서 9:27).

______________________________________________

______________________________________________

# 07 그리스도인의 생활

인간의 삶 가운데 가장 아름다운 것은 그리스도인의 생활입니다. 그리스도인의 생활은 이 세상에서 가장 거룩되며 진실하고 또한 아름다우며 가치가 있습니다. 간혹 성령의 은사를 받았다고 자칭하는 사람들에게서 불의와 악독과 교만과 추태를 발견할 수 있는데, 그것은 그들이 진실한 그리스도인이 아니기 때문입니다. 성령으로 거듭난 그리스도인의 생활의 열매는 사랑과 기쁨과 화평과 인내와 친절과 선함과 신실과 온유와 절제입니다(갈라디아서 5:22-23). 물론 이제 출생한 그리스도인이 온전할 수는 없습니다. 그러나 하나님께서 거룩하신 것같이 우리도 거룩해야 합니다.

## 1. 그리스도인은 구원받았기 때문에 거룩해져야 합니다.

〈베드로전서 1:15-16〉 "여러분을 불러주신 그 □□□□ □□ □□ 모든 행실을 거룩하게 하십시오. 성경에 기록하기를 '□□ 거룩하니 □□□ 거룩하여라' 하였습니다."

거룩해 진다는 것은 □□□의 성품을 닮아가는 것입니다.

## 2. 하나님이 우리 안에 계시기 때문에 거룩해지는 것이 힘들지 않습니다.

〈빌립보서 2:13〉 "하나님은 여러분 □□□ 활동하셔서, 여러분으로 하여금 하나님을 기쁘게 해 드릴 것을 염원하게 하시고 실천하게 하시는 분입니다."

'그리스도인의 생활'이란 무엇일까요?

(1) 성령님이 우리 안에서 하시는 두 가지 일은 무엇입니까?

① ______________ ② ______________

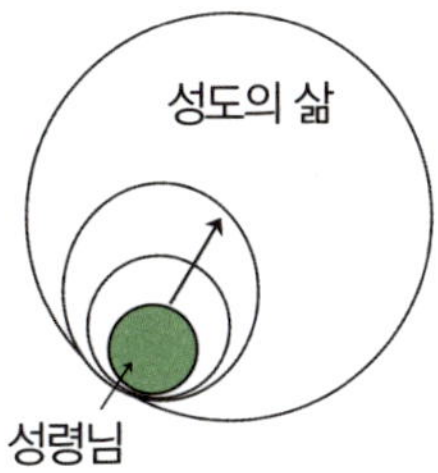


(2) 주님 뜻대로 사는 것이 힘들게 느껴지는 이유는 믿음으로 □롭게 되었다는 것을 믿지 못하기 때문입니다.

## 3. 그리스도인의 거룩한 삶의 비결은 다음 성경 구절에 요약되어 있습니다.

〈갈라디아서 2:20〉 "나는 그리스도와 함께 십자가에 못 박혔습니다. 이제 살고 있는 것은 내가 아닙니다. 그리스도께서 □ □□□ □□ □ □□□. 내가 지금 육신 안에서 살고 있는 삶은, 나를 사랑하셔서 나를 위하여 자기 몸을 내어주신 하나님의 아들을 믿는 믿음 안에서 살아가는 것입니다."

## 4. 그리스도인은 복음에 맞게 생활해야 합니다(빌립보서 1:27).

(1) 날마다 성경을 상고하며 그 말씀대로 살아야 합니다. 성경은 그리스도인의 양식입니다.

〈마태복음 4:4〉 "사람이 빵으로만 살 것이 아니라, 하나님의 입에서 나오는 모든 □□으로 살 것이다 하였다."

(2) 때를 따라 기도하며 필요한 것을 간구해야 합니다. 기도는 호흡과 같고 하나님과의 대화입니다.

〈데살로니가전서 5:17〉 " □□없이 □□하십시오."

(3) 기회 있는 대로, 구원받지 못한 사람들에게 복음을 전파해야 합니다. 전도는 하나님의 명령입니다.

〈사도행전 1:8〉 "그러나 □□이 너희에게 내리시면, 너희는 □□을 받고, 예루살렘과 온 유대와 사마리아에서, 그리고 마침내 땅 끝에까지 이르러 내 □□이 될 것이다."

(4) 범사에 선한 관리인이 되어 맡은 일에 충성을 다하여야 합니다.

〈베드로전서 4:10〉 "각 사람은 □□를 받은 대로 하나님의 여러 가지 □□를 □은 선한 관리인으로서 서로 □□하십시오."

(5) 성령의 감화를 소멸치 말고 성령의 아홉 가지 열매를 삶에 맺어야 합니다. 갈라디아서 5장 22-23절을 쓰고 암송하십시오.

______________________________

______________________________

5. 그리스도인은 가정을 통하여 하나님의 나라를 보여 주어야 합니다. 믿음으로 사는 사람들은 하나님께서 꾸며 주신 가정에서 서로 믿고 의지하며 사랑하고 도우면서, 하나님께 예배하며 섬기는 삶을 살아야 합니다. 그러나 사람들이 죄를 범하므로 가정은 파괴되고 사랑은 식어졌으며 가정에서 기쁨과 평안이 사라졌습니다. 거듭난 사람은 가정을 새롭게 해야 할 의무가 있습니다.

(1) 주의 말씀으로 자녀들을 훈계하고 양육해야 합니다.

〈에베소서 6:4〉 "또 아버지 된 이 여러분, 여러분의 자녀를 □□□ 하지 말고, 주님의 □□과 □□로 기르십시오."

(2) 때를 따라 가족들이 한자리에 모여서 예배를 드려야 합니다.

〈사도행전 10:2〉 "그는 경건한 사람으로 온 □□과 더불어 하나님을 □□□하며, 유대 백성에게 자선을 많이 베풀며, 늘 하나님께 □□하는 사람이었다."

(3) 주 안에서 남편은 아내를 사랑하고 아내는 남편에게 순종해야 합니다.

① 〈에베소서 5:25〉 "남편 된 이 여러분, 아내를 □□하기를 그리스도께서 교회를 □□하셔서 교회를 위하여 자신을 □□□ 같이 하십시오."

② 〈에베소서 5:22〉 "아내 된 이 여러분, 남편에게 □□를 주님께 하듯 하십시오."

(4) 주 안에서 부모님을 공경하며 효도해야 합니다.

〈에베소서 6:1〉 "자녀 된 이 여러분, □ 안에서 여러분의 부모에게 □□하십시오. 이것이 옳은 일입니다."

(5) 믿지 않는 이웃에게 본이 되어, 그들을 주님께 인도해야 합니다.

〈마태복음 5:16〉 "이와 같이 너희 □을 사람에게 □□□□, 그들이너희의 □□ □□을 보고, 하늘에 계신 너희 아버지께 □□을 돌리게 하여라."

## 6. 이제 당신 자신에게 물어 보십시오.

① 당신은 거듭났습니까? ____________________

② 당신은 자신 속에 성령님이 계심을 믿습니까? ____________

③ 당신은 그리스도 안에서 새 사람이 되었습니까? ___________

④ 당신은 분명히 구원받았습니까? ______________________

⑤ 당신이 받은 구원은 영원한 것임을 확신하십니까? ____________

⑥ 당신은 거듭난 사람으로서 새로운 생활을 시작하고 계십니까?______

잘하셨습니다!

당신은 참으로 아름다운 생활을 하고 있습니다. 어떠한 일이 있을지라도 이 귀한 생활을 포기하지 마십시오. 당신은 지금부터 새로운 탐험을 시작하실 것입니다. 놀라운 기적이 일어나는 것마다 간증서에 기록해 두었다가 이웃에게 신앙의 산 체험을 간증하십시오. 간증은 당신이 할 수 있는 가장 좋은 전도 방법 중의 하나입니다.

**이제부터 믿음으로 예수님을 체험하는 삶을 살아가십시오.**

# 08 성 장

우리는 요한복음 3장 36절의 "아들을 믿는 사람에게는 영생이 있다."라는 말씀을 종종 잘못 이해할 때가 있습니다. 즉, 우리가 그리스도를 영접하여 구원받았으면, 더 이상 무엇을 해야 할 필요가 없다고 생각하는 것입니다. 그러나 그것은 잘못된 생각입니다. 믿기로 결심하는 것은 완성을 의미하는 것이 아니라 시작에 불과합니다. 당신은 계속해서 영적으로 성장하여야 합니다.

## 1. 그리스도 안에서 영적으로 미숙한 사람들이 있습니다.

고린도전서 3장 1–3절을 읽으십시오.

(1) 바울은 고린도교회 교인들을 어떻게 평가했습니까?

___

(2) 고린도전서 1장 4–7절에 설명된 고린도교회 교인들은 우리가 보기에는 영적인 사람들입니까? 영적이지 못한 사람들입니까?

___

(3) 바울은 고린도교회 교인을 영적으로 어리다고 하는 근거를 어디에서 찾고 있습니까?

___

'성장'이란 무엇일까요?

(4) 영적 성숙도는 '에고'(자아 · 자존심)가 얼마나 많이 깨어졌느냐에 달려 있습니다.

2. 우리가 도달해야 할 목표는 예수님의 성품입니다. 아래 구절에서 예수님의 삶을 가장 잘 특징짓는 단어를 찾아 기록해 보십시오.

(1) 예수님 삶의 특징 1: 빌립보서 2:5–9 ______________________

______________________________________________

예수님 삶의 모범은 모든 인간관계에 적용됩니다.

| | | |
|---|---|---|
| 에베소서 6:1 | 자녀는 부모에게 | ____________ |
| 에베소서 5:22 | 아내는 남편에게 | ____________ |
| 베드로전서 2:18 | 하인은 주인에게 | ____________ |
| 히브리서 13:17 | 교인은 교회 지도자에게 | ____________ |
| 로마서 13:1 | 시민은 관리에게 | ____________ |

(2) 예수님의 삶의 특징 2: 마태복음 20:28 ______________________

______________________________________________

## 3. 당신은 계속해서 자라가야 합니다.

〈빌립보서 3:12–14〉 "나는 이것을 이미 얻은 것도 □□□, 이미 목표점에 다다른 것도 □□□□. 그리스도 예수께서 나를 사로잡으셨으므로, 나는 그것을 붙들려고 좇아가고 있습니다. 형제자매 여러분, 나는 아직 그것을 붙들었다고 생각하지 □□□□. 내가 하는 일은 오직 한 가지입니다. 뒤에 있는 것은 □□□□□, 앞에 있는 것을 향하여 몸을 내밀면서, 그리스도 예수 안에서, 하나님께서 위로부터 부르신 그 부르심의 상을 받으려고, 목표점을 바라보고 달려가고 있습니다."

(1) 바울은 어떻게 되는 것을 목표로 삼았습니까?

___

**품성변화**

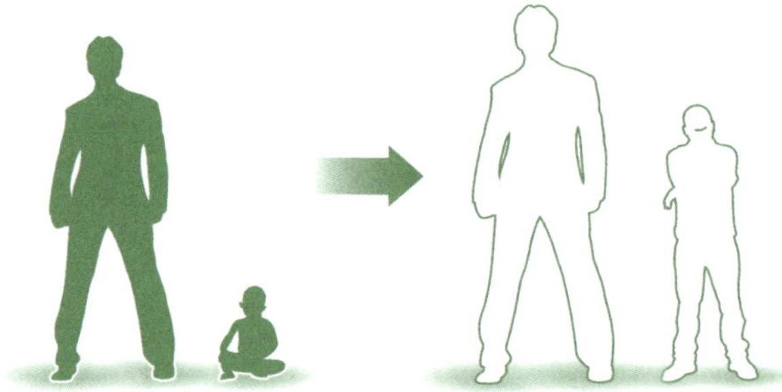

(2) 신앙생활은 완성이 아니라 과정입니다.

## 4. 우리의 믿음은 어떻게 자라갈 수 있습니까?

갓난아이가 출생하면 무엇으로 양육됩니까? 처음에는 젖으로 양육되다 점점 커짐에 따라 단단한 음식을 먹음으로 자라갑니다. 이와 같이 영적으로 새로 난 당신은 부드러운 영의 양식을 먹으며 활동함으로써 자라날 수 있습니다.

(1) 영의 양식은 무엇입니까?

〈마태복음 4:4〉 "사람이 빵으로만 살 것이 아니라, 하나님의 입에서 나오는 모든 □□으로 살 것이다"

〈요한복음 6:27〉 "너희는 썩어 없어질 양식을 얻으려고 일하지 말고, □□에 이르도록 남아 있을 □□을 얻으려고 일하여라. 이 □□은, 인자가 너희에게 줄 것이다. 아버지 하나님께서 인자를 인정하셨기 때문이다."

〈디모데후서 3:16-17〉 "모든 □□은 하나님의 영감으로 된 것으로서 교훈과 책망과 바르게 함과 의로 교육하기에 유익합니다. 성경은 하나님의 사람을 □□하게 하고, 그에게 온갖 선한 일을 할 수 있게 하는 것입니다."

⑵ 당신은 성경을 매일의 양식으로 삼아야 합니다.

〈베드로전서 2:2〉 "갓난 아기들처럼 순수하고 □□한 □을 그리워하십시오. 여러분은 그것을 먹고 자라서 구원에 이르러야 합니다."

〈디모데전서 4:6〉 "그대가 이런 교훈으로 형제자매를 깨우치면, 그대는 □□의 □□과 그대가 지금까지 좇고 있는 좋은 □□으로 양육을 받아 그리스도 예수의 좋은 일꾼이 될 것입니다."

〈디모데전서 4:12-13〉 "아무도, 그대가 젊다고 해서, 그대를 업신여기지 못하게 하십시오. 도리어 그대는, 말과 행실과 사랑과 믿음과 순결에 있어서, 믿는 이들의 본이 되십시오. 내가 갈 때까지, 성경을 □□일과 □□하는 일과 □□□는 일에 전념하십시오."

※ 금주의 성구를 암송하고 아래 빈칸에 써 보십시오(베드로전서 2:24).

________________________________________

________________________________________

Memo

# 09 성경

하나님의 말씀은 살아있고 운동력이 있어 그 말씀을 통하여 당신의 신앙이 싹트며, 그 말씀의 양식을 먹고 성장하여 하나님과 자신과 세계에 대한 지식을 얻고 능력을 힘입어 열심 있는 신앙생활, 그리고 승리하는 삶을 살 수 있게 합니다.

## 1. 성경은 예언자가 말한 예언을 모아놓은 책입니다.

〈베드로후서 1:21〉 "□□은 언제든지 사람의 뜻에서 나온 것이 아니라, 사람들이 성령에 이끌려서 하나님께로부터 오는 말씀을 받아서 한 것입니다."

(1) 예언자란 어떤 사람입니까? 하나님의 □□□

(2) 예언이란 무엇입니까? 예언자가 받아 전하는 □□□의 말씀.

## 2. 성경은 유익한 책입니다.

〈디모데후서 3:16〉 "모든 성경은 하나님의 □□으로 된 것으로서 □□과 □□과 바르게 함과 □로 교육하기에 유익합니다."

**하나님의 뜻대로 살려고 하는 사람에게는 유익한 책입니다.**

3. 성경은 언제쯤 완성되었습니까?

(1) 구약의 완성 : ____________________

____________________

(2) 신약의 완성 : ____________________

4. 구약과 신약은 아래와 같이 대별됩니다. 어느 책부터 어느 책까지인지 적으십시오.

| (구약) | | (신 약) | |
|---|---|---|---|
| 율법서 | ____________ | 복음서 | ____________ |
| 역사서 | ____________ | 역사서 | ____________ |
| 시가서 | ____________ | 서신서(편지서) | ____________ |
| 예언서 | ____________ | 예언서 | ____________ |

5. 성경의 목적

(1) 성경은 당신이 □□인 것을 깨닫게 합니다.

〈갈라디아서 3:22〉 "그러나 성경은 모든 것이 □ □□에 갇혔다고 말합니다. 그것을 약속하신 것을, 예수 그리스도를 믿는 믿음에 근거하여, 믿는 사람들에게 주시려고 한 것입니다."

(2) 구원의 도리를 알게 해줍니다.

〈요한복음 20:31〉 "그런데 여기에 이것이나마 기록한 목적은, 여러분으로 하여금 예수가 그리스도요 하나님의 아들이심을 □□하고, 또 그렇게 믿어서 그의 이름으로 □□을 얻게 하려는 것이다."

(3) 그리스도인의 생활 원리를 알게 해줍니다.

〈디모데후서 3:16-17〉 "모든 성경은 하나님의 영감으로 된 것으로서 □□과 □□과 □□□함과 □로 교육하기에 유익합니다. 성경은 하나님의 사람을 유능하게 하고, 그에게 온갖 □□ 일을 할 수 있게 하는 것입니다."

Memo

# 10 하나님

태초에 하나님이 천지를 창조하셨습니다(창세기 1:1). 그리고 자기 형상대로 사람을 만드셨습니다(창세기 1:27). 하나님은 누구실까요? 당신은 하나님을 바로 알고 하나님께 영광 돌리는 일에 힘써야 합니다.

1. 하나님은 ______________________ 이십니다.

〈요한복음 4:24〉 "하나님은 영이시다. 그러므로 하나님께 예배를 드리는 사람은 □과 □□로 예배를 드려야 한다."

영과 진리로 예배한다는 것은 무슨 뜻입니까? 맞는 것에 줄을 그으십시오.

(1) 찬양은 감사함으로
(2) 기도는 하나님의 음성으로
(3) 헌금은 믿음으로
(4) 설교는 진정으로

2. 하나님은 ______________________ 이십니다.

〈요한1서 1:5〉 "우리가 그리스도에게서 들어서 여러분에게 전하는 소식은 이것이니, 곧 하나님은 □이시요, 하나님 안에는 □□이 전혀 없다는 것입니다."

'하나님'은 누구실까요?

(1) 빛은 무엇을 의미합니까? □ 로움

(2) 예수님을 영접했다고 하면서 지속적으로 죄 가운데 사는 사람은 구원 받은 사람입니까?

(　　) 구원 받았다
(　　) 구원받지 못했다.

(3) 위와 같은 답을 적은 이유는 무엇입니까?

______________________________

3. 하나님은 ______________________ 이십니다.

〈요한1서 4:7-8〉 "사랑하는 여러분, 서로 사랑합시다. □□은 하나님에게서 난 것입니다. 사랑하는 사람은 다 하나님에게서 났고, 하나님을 압니다. □□□□ 않는 사람은 하나님을 알지 못합니다. 하나님은 사랑이시기 때문입니다."

4. 하나님은 다음과 같은 속성을 가지신 분입니다. 관계있는 성구의 번호를 쓰십시오.

| | |
|---|---|
| (　) 하나님은 한 분이십니다. | ① 시편 139:7-10 |
| (　) 하나님은 전지(全知)하십니다. | ② 다니엘 6:26 |
| (　) 하나님은 전능(全能)하십니다. | ③ 이사야 9:6 |
| (　) 하나님은 어디에나 계십니다. | ④ 역대상 28:9 |
| (　) 하나님은 무궁한 권세를 가지셨습니다. | ⑤ 고린도전서 8:6 |
| (　) 하나님은 영원히 다스리십니다. | ⑥ 시편 102:12 |

※ 금주의 성구를 암송하고 아래 빈칸에 써 보십시오(요한복음 3:16).

______________________________

______________________________

Memo

# 11 그리스도

우리 신앙의 대상은 예수 그리스도이십니다. 그러므로 예수 그리스도에 대하여 정확히 알고 믿어야 합니다. 예수께서는 제자들에게 "사람들이 인자를 누구라고 하느냐?"(마태복음 16:13-16)고 물으셨습니다. 예수 그리스도는 누구실까요?

1. 예수님은 참 사람이셨습니다. 예수 그리스도는 본래 하나님이셨으나 사람의 모양으로 이 세상에 오셨기에(빌립보서 2:6-8) 인간적인 성품을 갖고 계셨습니다. 이것을 그리스도의 인성이라고 합니다. ( ) 안에 있는 성경구절을 읽고 정확한 답을 쓰십시오.

① 12지파 중 속한 지파(마태복음 1:2) : ______________________

② 누구의 후손(누가복음 2:4) : ______________________

③ 출생지(마태복음 2:1) : ______________________

④ 부모 이름(마태복음 1:18) : ______________________

⑤ 자라나신 곳(마태복음 2:23) : ______________________

⑥ 직업(마가복음 6:3) : ______________________

⑦ 전도를 시작하신 나이(누가복음 3:23) : ______________________

⑧ 돌아가신 장소(요한복음 19:17) : ______________________

⑨ 부활하신 후 나타내 보이신 기간(사도행전 1:3) : ______________________

⑩ 승천하신 장소(사도행전 1:12) : ______________________

'예수 그리스도'는 누구실까요?

성경구절을 읽고 ( ) 안에 관계있는 것의 번호를 쓰십시오.

| | |
|---|---|
| ① 마리아에게 나심 | ( ) 요한복음 11:35 |
| ② 육신이 되심 | ( ) 누가복음 2:5-6 |
| ③ 지혜와 키가 자람 | ( ) 마태복음 27:50 |
| ④ 피로를 느끼심 | ( ) 요한복음 1:14 |
| ⑤ 눈물을 흘리심 | ( ) 누가복음 2:52 |
| ⑥ 시험을 받으심 | ( ) 마태복음 4:1 |
| ⑦ 죽으심 | ( ) 요한복음 4:6 |

2. 예수님은 하나님이셨습니다. 예수 그리스도는 하나님의 본체이시기 때문에 하나님으로서의 성품, 즉 신성을 소유하신 분입니다. 신성을 나타내는 성경구절과 관계있는 것의 번호를 써 넣으십시오.

| | |
|---|---|
| ① 태초부터 하나님과 함께 하신 하나님 | ( ) 요한복음 11:43-44 |
| ② 영원토록 동일하심 | ( ) 히브리서 1:3 |
| ③ 만물을 창조하심 | ( ) 요한복음 1:1 |
| ④ 죽은 자를 살리심 | ( ) 히브리서 13:8 |
| ⑤ 만물을 보전하고 죄를 깨끗하게 하심 | ( ) 골로새서 1:16 |

### 3. 예수 그리스도는 하나님과 함께 계셨으며 동시에 하나님이십니다.

〈요한복음 1:1〉 "□□에 말씀이 계셨다. 그 말씀은 하나님과 □□ 계셨다. 그 말씀은 □□□이셨다."

### 4. 예수 그리스도는 인간이 되셨습니다.

〈요한복음 1:14〉 "그 말씀은 □□이 되어 우리 가운데 사셨다. 우리는 그의 영광을 보았다. 그것은 아버지께서 주신, 외아들의 영광이었다. 그는 □□와 □□가 충만하였다."

### 5. 예수 그리스도는 우리를 위해 죽으셨습니다.

〈베드로전서 2:24〉 "그는 우리 □를 자기 몸에 몸소 지시고서, □□에 달리셨습니다. 그것은, 우리가 □에는 죽고 □에는 살게 하시려는 것이었습니다. 그가 □를 맞아 상함으로 여러분이 나음을 얻었습니다."

6. 예수님은 승천하셔서 하나님 우편에서 우리를 위해 중보하십니다.

〈로마서 8:34〉 "누가 감히 그들을 □□하겠습니까? 그리스도 예수는 죽으셨지만, 오히려 살아나셔서 하나님의 오른쪽에 계시며, 우리를 위하여 대신 □□하여 주십니다."

7. 예수 그리스도는 다시 오십니다.

〈마태복음 24:30-31〉 "그 때에 인자가 올 □□가 하늘에서 나타날 터인데, 그 때에는 땅에 있는 모든 민족이 가슴을 치며, 인자가 큰 □□과 □□에 싸여 하늘 □□을 타고 오는 것을 보게 될 것이다. 그리고 그는 자기 천사들을 큰 나팔 소리와 함께 보낼 터인데, 그들은 하늘 이 끝에서 저 끝까지 사방에서 그가 □□□ 사람들을 모을 것이다.

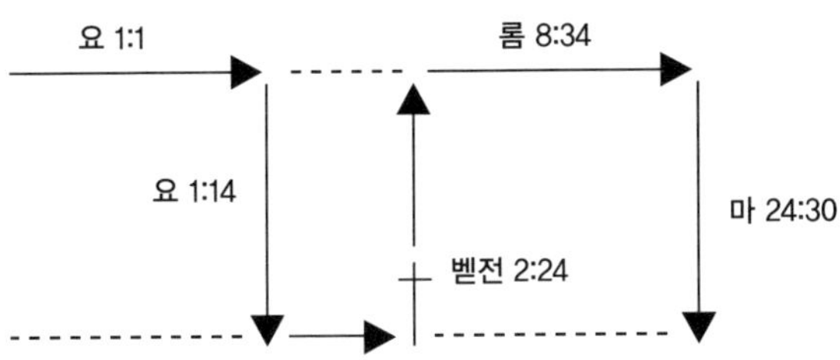

# 12 성 령

성령은 삼위일체 중에서 제3 위격입니다. 제1위는 아버지 하나님이며, 제2위는 아들이신 하나님이며, 제3위는 성령이신 하나님입니다(마태복음 28:19). 성령을 소홀히 할 때 우리는 영적 능력을 받지 못합니다. 성령은 히브리어로 '루아흐'이며, 헬라어로 '프뉴마'로서 호흡, 바람 혹은 공기라는 뜻입니다.

## 1. 인격자이신 성령님은 하나님의 마음을 아시는 분이십니다.

〈고린도전서 2:11〉 "사람 속에 있는 그 사람의 ☐이 아니고서야, 누가 그 사람의 ☐☐을 알 수 있겠습니까? 이와 같이, 하나님의 ☐이 아니고서는, 아무도 하나님의 생각을 깨닫지 못합니다."

## 2. 하나님의 자녀들은 성령 ☐☐를 받은 사람들입니다.

〈에베소서 4:30〉 "하나님의 ☐☐을 슬프게 하지 마십시오. 여러분은 ☐☐ 안에서 ☐☐의 날을 위하여 인치심을 받았습니다."

(1) 인을 치셨다는 말은 무슨 뜻입니까?

________________________________________

(2) 우리는 언제 성령으로 인치심을 받습니까?

________________________________________

'성령'은 누구실까요?

3. 하나님의 자녀들은 성령 □□ 을 받아야 합니다.

〈에베소서 5:18〉 "술 취하지 마십시오, 거기에는 방탕이 따릅니다. 성령의 □□함을 받으십시오."

(1) 성령 충만은 □□해서 받아야 합니다.

(2) 성령 충만은 하나님의 소원입니다. 성령 충만은 하나님의 백성에게 당연한 삶입니다.

4. 하나님의 자녀들에게 성령님은 □□을 주십니다.

〈고린도전서 12:7〉 "각 사람에게 성령을 나타내 주시는 것은 □□□□을 위한 것입니다."

(1) 그리스도 공동체의 공동 □□을 위하여 주신 것이 성령의 은사입니다.

(2) 자신의 삶 속에서도 성령의 역사를 간구하고 체험하여야 합니다.

(3) 성령의 여러 가지 은사는 □□합니다.

5. 하나님의 자녀들은 성령의 □□를 맺어야 합니다.

〈갈라디아서 5:22-23〉 "성령의 열매는 □□과 기쁨과 □□과 □□와 □□과 선함과 □□과 온유와 □□입니다. 이런 것들을 막을 법이 없습니다."

(1) 성령의 열매는 예수님의 품격을 묘사하고 있습니다. 예수님을 닮아가면서 이런 열매가 나타납니다.

(2) 성령의 열매는 이웃과의 □□에서 맺혀지는 것입니다.

6. 성령께서 하시는 일(역사)이 무엇인지, 다음 성구를 찾아 그 요점만 기록하십시오.

① 요한복음 15:26 ______________________________

② 요한복음 3:5 ______________________________

③ 고린도전서 3:16 ______________________________

④ 사도행전 2:4 ______________________________

⑤ 요한복음 14:26 ______________________________

⑥ 로마서 8:16 ______________________________

⑦ 로마서 8:26 ______________________________

⑧ 고린도전서 12:8 ______________________________

⑨ 고린도후서 1:22 ______________________________

⑩ 로마서 14:17 ______________________________

⑪ 갈라디아서 5:22-23 ______________________________

※ 금주의 성구를 암송하고 아래 빈칸에 써 보십시오(요한복음 1:12).

______________________________________________

______________________________________________

# 13 교회

거듭난 성도는 그리스도께서 피로 값 주고 사신 교회의 지체입니다. 지체는 또 다른 별도의 개체가 아니라 몸의 한 부분입니다. 이와 같이 신자는 그리스도를 영접하는 순간부터 하나님의 자녀가 되는 동시에 교회의 회원으로 공동체 안에 속하게 됩니다. 그리스도인의 교회생활은 지체로서의 역할을 다하는 데 있습니다. 이 역할을 수행할 때 그리스도인의 생활은 밝고 힘이 있으며, 삶에 평화와 감사가 넘칩니다. 이 놀라운 은혜와 평안이 충실한 교회생활에서 얻어진다는 사실을 감안할 때 당신은 이 교재를 열심히 공부할 필요가 있습니다. 일반적으로 예배당을 '교회'로 인식하고 있는 경우가 많습니다. 그러나 예배당은 예배드리는 곳은 될지언정 교회는 아닙니다.

## 1. 교회는 무엇입니까?

〈마태복음 16:16-18〉 "시몬 베드로가 대답하였다. '선생님은 살아 계신 하나님의 □□ □□□□십니다.' 예수께서 그에게 말씀하셨다. '시몬 바요나야, 너는 복이 있다. 너에게 이것을 알려 주신 분은, □□이 아니라, 하늘에 계신 나의 아버지시다.' 나도 너에게 말한다. '너는 베드로다. 나는 이 반석 위에다가 내 교회를 세우겠다. 죽음의 문들이 그것을 이기지 못할 것이다.'"

(1) 교회라는 말은 '에클레시아'라는 희랍말에서 나온 말로서 '불러냄을 받은 무리들'이라는 뜻입니다.

(2) 교회는 건물이 아니고 □□입니다.

'교회'란 무엇일까요?

(3) 교회는 베드로와 같은 신앙 □□을 한 사람들의 모임입니다.

## 2. 교회는 그리스도의 몸입니다.

〈에베소서 1:23〉 "교회는 그리스도의 몸이요, □□ 안에서 만물을 □□케 하시는 분의 충만함입니다.

**교회는 부활하여 살아 계신 예수님을 가시적으로 보여주는 공동체입니다.**

## 3. 교회의 머리는 그리스도입니다.

〈골로새서 1:18〉 "그 분은 교회라는 몸의 □□이십니다. 그는 근원이시며, 죽은 사람들 가운데서 제일 먼저 살아나신 분이십니다. 이는 그분이 □□ 가운데서 □□이 되시기 위함입니다."

(1) 교회의 존재 목적은 교회의 머리이신 '그리스도의 소원'을 풀어드리는 것입니다.

(2) 교회의 활동은 '그리스도의 뜻'을 성취시키는 데 있어야 합니다.

## 4. 교회의 시작

(1) 교회의 시작은 예수 그리스도이십니다.

〈마태복음 16:18〉 "나도 너에게 말한다. '너는 베드로다. 나는 이 □□ 위에다가 내 □□를 세우겠다. 죽음의 문들이 그것을 이기지 못할 것이다.'"

(2) 교회의 시작은 다음과 같습니다.

〈사도행전 2:1-4〉 "□□□이 되어서, 그들은 모두 한 곳에 모여 있었다. 그 때에 갑자기 하늘에서 세찬 바람이 부는 듯한 소리가 나더니, 그들이 앉아 있는 온 집안을 가득 채웠다. 그리고 불길이 솟아오를 때 혓바닥처럼 갈라지는 것 같은 혀들이 그들에게서 나타나더니, 각 사람 위에 내려 앉았다. 그들은 모두 □□으로 충만하게 되어서, □□이 시키시는 대로, 각각 □□으로 말하기 시작하였다."

## 5. 예수님이 교회에 사명을 주셨습니다.

〈마태복음서 28:19-20〉 "그러므로 너희는 가서, 모든 민족을 □□로 삼아서, 아버지와 □□과 □□의 이름으로 □□를 주고, 내가 너희에게 명령한 모든 것을 그들에게 가르쳐 지키게 하여라. 보아라, 내가 □□ 끝 날까지 항상 너희와 함께 있을 것이다."

(1) 교회의 근본적인 사명은 □□를 만드는 것입니다.

(2) 제자의 중요한 특성 중의 하나는 배운 것을 □□하는 것입니다.

(3) 예수님의 제자는 예수님의 □□(성령의 열매)과 예수님의 □□(성령의 은사)을 배우고 전수해야 합니다.

(4) 제자를 만들기 위해서 예수님은 세 가지 구체적인 방법을 주셨습니다. 가서, □□를 주고, 지키도록 □□친다.

(5) 교회의 존재 목적은 □□ □□하여 □□만드는 것입니다.

## 6. 예수님의 제자훈련 방법

〈마가복음 3:14-15〉 "예수께서 그들을 자기와 □□ □□하시고, 또 그들을 □□□□□ 말씀을 전파하게 하시며, 귀신을 쫓아내는 □□을 가지게 하시려는 것이었다"

예수님의 제자훈련 방법은

(1) 지식 전달보다 □□ 배양이었다.

(2) 교실 강의보다 현장 □□이었다.

(3) 말로 가르쳐서보다 행동으로 □□ 주었다.

Memo

# 14 교회 회원

아무나 교회 회원이 될 수 없습니다. 단순히 교회에 출석한다고 해서 교회 회원이 되는 것은 아닙니다. 반드시 예수 그리스도를 믿고 거듭난 자만이 그리스도의 몸인 교회의 회원이 됩니다.

## 1. 교회 회원의 자격은 무엇입니까?

(1) 거듭나야 합니다. 예수님이 하나님의 아들이시고, 그리스도이신 것을 믿고 영접하는 사람이 거듭납니다.

〈마태복음 16:16〉 "시몬 베드로가 대답하였다. '선생님은 살아 계신 하나님의 □□ □□□□십니다."

〈요한복음 1:12〉 "그러나 그를 □□들인 사람들, 곧 그 이름을 믿는 사람들에게는 하나님의 자녀가 되는 □□을 주셨다."

(2) 세례(침례)를 받아야 합니다.

〈마태복음 28:19〉 "그러므로 너희는 가서, 모든 □□을 □□로 삼아서, 아버지와 □□과 □□의 이름으로 □□를 주고."

(3) 회원으로 가입하여야 합니다.

세례(침례) 받은 것으로 교회 회원이 된 것은 아닙니다. 교회는 당신에게 세례(침례)를 베푼 후에 당신의 진정한 의사에 따라 교회 회원이 되어 줄 것을 기대하고 있습니다. 그러므로 당신은 세례(침례) 받은 즉시 교회에 가입을 해야 합니다. 교회 회원이 될 수 있는 단계를 기록해 보십시오.

(　　　　　) → (　　　　　) → (　　　　　)

'교회 회원'이란 무엇일까요?

## 2. 교회 회원의 임무는 무엇입니까?

(1) 교회의 정규 집회에 열심히 출석해야 합니다.

〈사도행전 2:46〉 "그리고 날마다 한 □□으로 □□에 열심히 모이고, 집집이 돌아가면서 빵을 떼며, 순전한 마음으로 기쁘게 음식을 먹고."

(2) 신앙 규범을 준수해야 합니다.

〈사도행전 2:42〉 "그들은 □□들의 가르침에 몰두하며, 서로 □□□ 일과 빵을 떼는 일과 □□에 힘썼다."

(3) 성경과 교회의 뜻에 따라 □□을 드리는 생활을 해야 합니다.

〈말라기 3:10〉 "너희는 온전한 □□□를 창고에 들여 놓아, 내 집에 □□□□가 넉넉하게 하여라. 이렇게 바치는 일로 나를 □□하여, 내가 하늘 문을 열고서, 너희가 쌓을 곳이 없도록 복을 붓지 않나 보아라. 나 만군의 주의 말이다."

(4) 교회 사업에 협조해야 합니다.

〈베드로전서 4:10〉 "각 사람은 □□를 받은 대로 하나님의 여러 가지 □□를 맡은 선한 □□□으로서 서로 봉사하십시오."

# 15 교회 생활

시편 23편에 기록된 말씀과 같이 교회 생활은 당신의 영혼을 소생시키고, 심령의 갈급함을 충족시켜 주며, 강건하게 해줄 뿐만 아니라 쉼과 평안을 가져다줍니다. 그러므로 당신은 열심히 교회 생활을 하여야 합니다.

## 1. 교회와 목장에서 이루어져야 할 일이 무엇입니까?

〈사도행전 2:42〉 "그들은 사도들의 □□□에 몰두하며, 서로 □□□ 일과 □을 떼는 일과 □□에 힘썼다."

## 2. 교회의 사역 분담은 어떻게 되어야 합니까?

〈에베소서 4:11–12〉 "그분이 어떤 사람은 사도로, 어떤 사람은 예언자로, 어떤 사람은 복음 전도자로, 또 어떤 사람은 목사와 교사로 삼으셨습니다. 그것은 성도들을 □□시켜서, 봉사의 일을 하게하고, 그리스도의 □을 세우게 하려고 하는 것입니다."

(1) 11절에 열거되어 있는 사역자들은 어떤 일을 하는 사람입니까?

□□사역자

(2) 목사의 역할은 무엇입니까? ______________________

(3) 성도의 역할은 무엇입니까? ______________________

## 3. 주일에 어떻게 예배드립니까?

〈사도행전 20:7〉 "주간의 □ 날에, 우리는 빵을 떼려고 모였다. 바울은 그 다음 날 떠나기로 되어 있어서 신도들에게 강론을 하는데, 강론이 밤이 깊도록 계속되었다."

예배에는 다음의 순서가 있습니다.

(1) 찬 송

〈에베소서 5:19〉 "시와 □□와 □□한 □□로 서로 화답하며, 여러분의 가슴으로 주님께 노래하며, 찬송하십시오."

(2) 헌 금

〈고린도전서 16:2〉 "매주 □ 날에, 여러분은 저마다 수입에 따라 얼마씩을 따로 저축해 두십시오. 그래서 내가 갈 때에, 그제야 □□하는 일이 없어야 할 것입니다."

# 16 가정교회

1. 가정교회의 목표는 성경적인 교회를 □□하는 것입니다.

(1) 〈로마서 16:3, 5〉 "그리스도 예수 안에서 나의 동역자인 브리스가와 아굴라에게 문안하여 주십시오. 그리고 그들의 집에서 모이는 □□에도 문안하여 주십시오."

(2) 로마서 16:14-15〉 "아순그리도와 블레곤과 허메와 바드로바와 허마와, 그들과 □□ □□ 형제자매들에게 문안하여 주십시오. 빌롤로고와 율리아와 네레오와 그의 자매와 올름바와, 그들과 □□ □□ 모든 성도에게 문안하여 주십시오.

(3) 〈골로새서 4:15〉 "라오디게아에 있는 형제자매들과 눔바와 그 부인의 집에서 모이는 □□에 문안해 주십시오."

2. 가정교회 하드웨어라고 할 수 있는 것이 가정교회 세 축입니다. 온전한 회심과 영적 성장은 인간의 지정의(知情意)를 만족시킬 때 이루어집니다. 가정교회는 이 세 가지 면을 균형 있게 만족시켜 줍니다.

(1) □□ 모임- 기독교에 대한 거부감과 기독교인에 관한 반감을 없애 준다(情).

(2) □ 공부- 복음에 관한 구체적인 정보를 제공해 준다(知).

(3) □□ 목장예배- 결신하고 결단케 한다(意).

3. 가정교회 소프트웨어라고 할 수 있는 것이 가정교회 네 기둥입니다. 이 내용은 이미 공부했지만, 다시 한 번 정리해 봅시다.

(1) 성경적인 교회의 존재 목적: 마태복음 28:18-20

① 교회의 사명은 □□를 만드는 것이다.
② 방법은 □□, 세례(침례)를 주고, 가르치는 것이다.
③ 영혼을 구원하여서 제자 만드는 것이 교회의 궁극적인 존재 목적이다.

(2) 성경적인 제자훈련 방식: 마가복음 3:13-15

① 지식 전달보다는 □□ 배양이었다.
② 교실 강의보다는 현장 □□이었다.
③ 가르쳐서 제자 만들기보다는 □□□ 제자를 만들려 하였다.

(3) 성경적인 사역 분담: 에베소서 4:11-12

① 목회자의 사역은 성도들을 준비시키는 것이다.
② 성도들의 사역은 목양을 하고 □□를 세우는 것이다.
③ 성도들을 준비시키는 외에 목회자의 사역은 □□와 □□ 사

역과(사도행전 6:2-4) 리더십을 발휘하는 것이다.

(4) 성경적인 리더십: 마가복음 10:42-45

① 인생의 목적은 □□에 있다.
② 진정한 리더십은 섬김에서 나온다.
③ □이 된다는 것은 공동체의 필요가 리더 자신의 필요보다 우선한다는 뜻이다.

## 4. 가정교회 사역원에서 추구하는 '가정교회'정의는 다음과 같습니다.

(1) 정의: "□□도가 지도자가 되어, □□집에서, 6-12명이, 매주 □번 이상씩 모이는, 교회의 본질적인 기능(예배, 교육, 교제, 전도와 선교)을 다하는 공동체"

(2) 성경에 기록된 신약적 원형교회는 여러 형태를 띠고 있음을 인정하여 다음과 같은 이해도 허용합니다: "신약교회의 원형을 회복하기 위하여, 평신도가 지도자가 되어, 가정집에서, 6-12명이, 매주 한 번 이상 모이는, 교회의 본질적인 기능(예배와 교육, 교제와 봉사, 전도와 선교)을 다하는, 기초 공동체인 목장으로 이루어진 지역교회"

5. 가정교회를 추구하는 교회들은 다음 사명 선언에 동의하는 교회들입니다.

(1) 신약 교회의 □□을 추구한다. 조직, 활동(사도행전 2:42), 사역 방법(사도행전 2:46–47), 리더십 스타일(마태복음 20:26–27)을 가능하면 신약성경에 가깝게 만들어보려고 노력한다.

(2) 교회성장보다 영혼 □□에 우선순위를 둔다. 모든 사람이 구원받기를 원하는 것이 하나님의 소원이라고 믿기 때문이다(디모데전서 2:4).

(3) 비신자에게 전도하여 □□를 만드는 것에 교회 존재의 목적을 둔다. 이것이 주님이 교회를 세우신 목적이라고 믿기 때문이다(마태복음 28:19–20).

(4) 지식 전달보다는 능력 배양에, 교실 교육보다는 현장 실습에, 말로 가르치기보다는 행동으로 □□주는 방법을 제자훈련의 방법으로 사용한다. 이것이 예수님의 방법이라고 믿기 때문이다(마가복음 3:14–15).

(5) 목회자와 평신도 각자가 본연의 사역을 되찾도록 한다. 목회자는 성도를 온전케 하는 일과(에베소서 4:11–12상), 기도와 말씀 선포(사도행전 6:2–4), 리더십 발휘에 집중한다(사도행전 20:28). 성도들은 □□과 교회를 세우는 일을 한다(에베소서 4:12하).

(6) 셀 그룹이나 소그룹이 아니고 신약적 원형 ☐☐ 를 추구한다. 가정교회의 기초공동체인 목장이 신약적인 공동체가 되기 위하여 다음 사항을 고수한다.

① 매주일 모인다(사도행전 20:7).
② 남녀가 같이 모인다(로마서 16:3-5).
③ 신자와 비신자가 같이 모인다(고린도전서 14:23-25).

(7) 직제, 성례, 설교권 등 제반 사항에 관하여서는 각개 목회자의 신학적 배경과 소속된 교단의 전통을 존중해준다.

Memo

# 17 그리스도인의 신분

구원받은 하나님의 백성은 경건한 삶을 삽니다. 믿음에 행함이 따르지 않으면, 그 자체만으로는 죽은 것이라고 했습니다(야고보서 2:17). 하나님의 은혜와 믿음으로 구원받은 하나님의 백성은 선을 행하여 하나님을 기쁘시게 합니다. 구원 받았다는 것은 일차적으로 우리의 신분이 변화되었다는 것을 의미하기 때문에 그 신분에 맞는 삶을 살 때 가장 자연스러우며 가장 자유롭고 행복한 삶을 살 수 있습니다.

당신은 가장 존귀한 신분을 가지고 있음을 자각하고 있습니까? 성경은 성도들의 신분을 여러 가지로 설명하고 있습니다. 그 중에서 네 가지만 공부합시다.

1. 에베소서 5:1

"그러므로 여러분은 사랑을 받는 □□답게, □□□을 □□□ 사람이 되십시오."

당신은 하나님의 □□입니다.

2. 고린도후서 11:2

"나는 하나님께서 보여주신 열렬한 관심으로, 여러분을 두고 몹시 마음을 씁니다. 나는 여러분을 □□한 □□로 □□□□께 드리려고 여러분을 한 분 남편 되실 그리스도와 약혼시켰습니다."

당신은 그리스도의 □□입니다.

'그리스도인의 신분'이란 무엇일까요?

3. 고린도전서 3:17

"하나님의 성전은 □□ 합니다. 여러분은 하나님의 □□ 입니다."

당신은 성령의 □ 입니다.

(1) 성령이 당신의 마음속에 들어오시기 전에 당신의 마음은 어떠하였는지 아십니까? 로마서 1장 29-31절을 읽고, 그 구절을 적어 보십시오.

______________________________

______________________________

(2) 성령이 당신의 마음속에 임하신 후에 당신은 어떻게 변화되는지 갈라디아서 5:22-23절을 읽고 생각해본 후, 그 말씀을 적어 보십시오.

______________________________

______________________________

4. 빌립보서 3:20

"그러나 우리의 □□□ 은 □□ 에 있습니다. 그곳으로부터 우리는 구주로 오실 주 예수 그리스도를 기다리고 있습니다."

당신은 천국의 □□ 입니다.

**하늘의 시민은 하늘의 법을 따라 살며 하늘의 보호를 받습니다.**

# 18 그리스도인의 행실

그리스도인을 나무로 비유했을 때, 그 나무의 열매는 그리스도인의 행실입니다. 좋은 나무는 아름다운 열매를 맺고, 못된 나무가 나쁜 열매를 맺는 것처럼 믿음이 좋은 그리스도인은 그 믿음의 열매가 아름다운 행실로 나타나게 됩니다(마태복음 7:17-18).

1. 그리스도인은 어떤 존재입니까?

(1) 〈마태복음 5:13〉 "너희는 세상의 □□이다. 소금이 짠 맛을 잃으면, 무엇으로 그 짠 맛을 되찾게 하겠느냐?"

〈골로새서 4:6〉 "…소금으로 □□ 내어 언제나 은혜가 넘쳐야 합니다."

(2) 〈마태복음 5:14-16〉 "너희는 세상의 □이다. 산 위에 세운 마을은 숨길 수 없다…"

〈에베소서 5:9〉 "빛의 □□는 모든 □과 □와 □□에 있습니다."

2. 그리스도인이라면 자연스럽게 아름다운 행실의 □□를 맺어야 합니다(마태복음 7:15-20).

'그리스도인의 행실'이란 무엇일까요?

고린도후서 2장 14-16절을 읽고, 다음 중 맞는 곳에 O표 하시오.

① 그리스도인은 하나님 앞에서 그리스도의 향기이며 향기는 아름다운 행실을 말한다. (　　)

② 그리스도인은 믿는 자끼리만 아름다운 행실을 보이면 된다. (　　)

③ 그리스도인은 구원을 얻은 자들에게나 불신자들에게나 모든 사람에게 아름다운 행실을 보여야 한다. (　　)

④ 그리스도인의 삶은 믿음으로 구원을 얻었으니 행실이야 어떻든 상관이 없다. (　　)

## 3. 성도의 삶에서 아름다운 행실의 열매를 맺는 비결은 무엇입니까?

〈요한복음 15:5〉 "나는 포도나무요 너희는 □□이다. 사람이 내 안에 머물러 있고, 내가 그 안에 머물러 있으면, 그는 많은 □□를 맺는다. 너희는 나를 떠나서는 아무것도 할 수 없다."

(1) 포도나무가 열매를 맺으려면 어떻게 해야 합니까?

□□에 붙어 있는다.

(2) 열매를 맺기 위하여 노력이 필요합니까? 필요 없습니까? 맞는 것에 O표, 틀리는 것에 X표를 하십시오.

① 열매를 맺기 위하여서는 아무런 노력도 필요 없다. (　)

② 열매를 맺기 위하여 노력하여야 한다. (　)

③ 열매를 맺으려는 노력이 아니라, 가지에 붙어있으려는 노력이 필요하다. (　　)

(3) 예수님 안에 거하기 위하여서는 정기적인 경건의 시간을 갖고, 주님의 뜻에 순종하고, 순종하지 못했을 때 즉시 회개하는 삶을 살아야합니다.

4. 로마서 12:9–21에서 성도의 아름다운 삶의 모습을 기록해 보세요. 이 말씀처럼 성도들은 살아 갈 수 있습니다.

Memo

# 19 승리의 생활

그리스도인에게는 유혹과 시험이 그림자처럼 따라다닙니다. 이것은 바로 하나님의 자녀가 된 증거이기도 합니다. 마귀가 우리를 넘어뜨리려고 온갖 수단과 방법을 다 쓰지만 하나님께서는 우리에게 힘을 주셔서 이기도록 하십니다.

## 1. 시험은 괴롭지만 유익한 것입니다(야고보서 1:2-4).

(1) 시험(련)이 주는 유익은 무엇입니까? ______________________

(2) 그리스도를 닮는 것이 상(賞)입니다.

(3) 시련을 통하여 예수님을 닮으려면 □□하여야 합니다.

## 2. 영접하고 나면 하나님의 훈련이 따릅니다(히브리서 12:5-11).

(1) 하나님은 왜 그 자녀들을 징계(훈련)하십니까?

______________________________________

'승리의 생활'이란 무엇일까요?

(2) 징계(훈련)의 목적은 무엇입니까?

______________________________

## 3. 핍박이나 어려운 환경의 또 다른 원인은 무엇입니까?

(1) 〈에베소서 6:12〉 "우리의 □□은 □□을 □□□로 상대하는 것이 아니라, 통치자들과 □□□들과 이 어두운 세계의 지배 자들과 하늘에 있는 악한 □들을 상대로 하는 것입니다."

(2) 에베소서 6장 10-17절을 읽고, 서로 관계있는 낱말의 번호를 쓰십시오.

| | |
|---|---|
| ① 진리 | (  ) 가슴막이 |
| ② 정의 | (  ) 허리띠 |
| ③ 평화의 복음 | (  ) 말씀 |
| ④ 믿음 | (  ) 방패 |
| ⑤ 구원 | (  ) 투구 |
| ⑥ 성령의 칼 | (  ) 발 |

4. 시험을 당할 때 하나님이 하시는 두 가지 일은 무엇입니까?(고린도전서 10:13)

(1) ____________________

(2) ____________________

(3) 시험이 유익하려면 시험받을 당시에는 못 이길 것 같은 느낌이 들 정도로 강해야 합니다.

Memo

# 20 헌신의 동기

헌신이란 당신 자신을 하나님을 위해서 바치는 삶을 말합니다. 그 동안 당신은, 예수 그리스도로 말미암아 소망을 얻었으며 당신에게도 새 생활이 가능해졌다는 사실을 깨달았을 것입니다. 즉 자기 중심적인 생활에서 하나님 중심의 생활로 바뀌게 된 것입니다. 헌신의 생활은 그 어떤 생활보다도 보람되고 자랑스러운 생활입니다. 그러므로 우리 성도들은 헌신의 생활을 통해서 말할 수 없는 행복을 맛보게 됩니다. 당신은 헌신의 생활을 함으로써 보다 더 풍성한 인생을 살게 될 것입니다.

로마서 12장 1절을 읽고 다음 질문에 답하십시오.

1. 헌신은 누가 하는 것입니까? 맞는 것에 O표, 틀리는 것에 X표를 하세요
.

(1) 목사나 선교사가 될 사람 (　　)
(2) 구원 받은 사람이면 누구나 (　　)

2. 바울은 헌신을 명령하지 않았습니다. 그렇다면 왜 헌신해야 합니까?

하나님의 □□ 하심 때문에

3. 우리 몸을 바칠 때 하나님께서는 어떤 제물로 받으신다고 하였습니까?(로

'헌신'이란 무엇일까요?

마서 12:1)

(1) □□ 하실 제물
(2) □□ 한 제물
(3) □ 제물

4. 헌신은 창조주 하나님을 섬길 기회를 부여받는 특권입니다.

5. 헌신은 하나님께 은혜 입은 자들이 할 수 있는 사랑의 표현입니다.

(1) 〈로마서 8:30〉 "그리하여 하나님께서는 이미 정하신 사람들을 부르시고, 또한 □□□ 사람들을 □□□ 하시고, 의롭게 하신 사람들을 또한 □□□□ 하셨습니다."

(2) 그러면 당신은 하나님께서 맡기시는 일을 어떻게 해야 하겠습니까?

① 〈고린도후서 1:20〉 "…우리는 □□ 하면서 □□□께 □□을 돌리는 것입니다."

② 〈고린도전서 4:2〉 "이런 경우에 □□□에게 요구하는 것은 □□□입니다."

# 21 헌신의 방법

당신은 20과를 공부하는 동안, 물에 사는 물고기가 자연히 헤엄을 치는 것처럼, 주 안에 사는 사람은 자연히 헌신의 생활을 할 수밖에 없다는 사실을 알았을 것입니다. 그러면 이제부터 헌신의 방법을 공부하기로 하겠습니다.

1. 로마서 12장 2절을 읽고, 어떻게 헌신해야 할지를 생각해 보십시오.

"여러분은 이 시대의 풍조를 □받지 말고, □□을 새롭게 함으로 변화를 받아서, 하나님의 선하시고 □□하시고 완전하신 뜻이 무엇인지를 분별하도록 하십시오."

(1) 위의 구절에서 진정한 헌신이란 무엇입니까?
하나님의 □을 분별하며 사는 것.

(2) 그리스도인이 헌신되어야 할 사역의 장은 세 곳입니다.

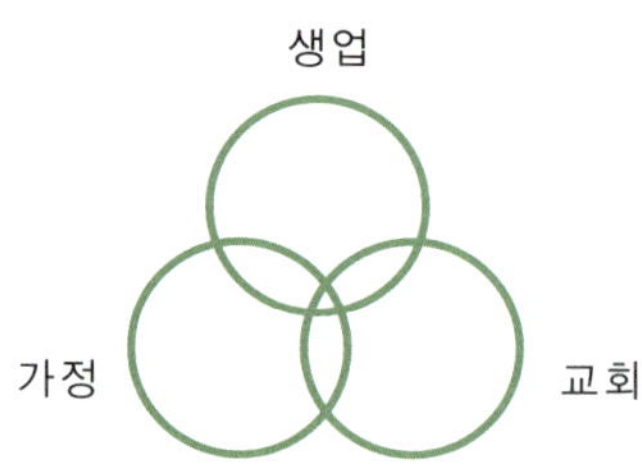


(3) 진정한 헌신을 위해서는 세상의 □□, 즉 세상의 가치관을 좇아가지 말아야합니다.

'헌신의 방법'이란 무엇일까요?

## 2. 성도는 모두 제사장으로 헌신해야 합니다.

〈베드로전서 2:9〉 "그러나 여러분은 택하심을 받은 족속이요, □과 같은 제사장들이요, 거룩한 민족이요, 하나님의 □□가 된 백성입니다. 그래서 여러분을 어둠에서 불러내어 자기의 놀라운 □ 가운데로 인도하신 분의 업적을, 여러분이 □□하는 것입니다."

## 3. 하나님이 주신 은사(선물)를 통해서 헌신해야 합니다.

(1) 로마서 12장 3-8절에 기록된 은사를 찾아서 기록해 보십시오.

________________________________________

________________________________________

(2) 자신의 은사를 어떻게 발견할 수 있습니까?

① 자신의 은사에 맞는 사역을 할 때에는 □하다.
② 자신의 은사에 맞는 사역을 할 때에는 □□가 있다.
③ 자신의 은사에 맞는 사역을 할 때에는 남들이 □□해 준다.

(3) 당신에게 어떤 은사가 있는지 기록해 보십시오.

________________________________________

________________________________________

4. 당신이 헌신할 때에 하나님이 어떤 자세를 요구하십니까?

〈고린도전서 4:2〉 "이런 경우에 관리인에게 요구하는 것은 □□□ 입니다."

5. 당신은 무엇으로 헌신의 생활을 하겠습니까?

(1) 로마서 12장 1절에서 무엇으로 헌신하라고 했습니까?

______________________________

(2) 당신은 마음도 주님께 드려야 합니다.

마태복음 15장 8절에 나오는 "이 백성이 □□로는 □를 공경해도, □□은 나에게서 멀리 떠나 있다."라는 말씀에 해당 되는 사람은 헌신의 사람이 아닙니다. 그러므로 에베소서 6장 6절 말씀처럼, "□□□□의 □답게 □□으로 하나님의 □을 실천하십시오." 모든 일에 주님을 섬기는 마음으로 하는 것은 당신이 주님께 그 마음을 드린 증거가 되는 것입니다.

(3) 당신의 영혼도 주님의 것임을 알고, 그것도 주님께 드려야 합니다.

요한복음 4장 24절은 "□□□은 □이시다. 그러므로 하나님께 예배를 드리는 사람은 □과 □□로 예배를 드려야 한다"라고 하였습니다. 예배는 하나님의 은혜에 대한 우리의 헌신의 다짐이자 응답입니다.

(4) 당신의 시간을 바쳐서 헌신의 생활을 해야 합니다.

〈에베소서 5:15-16〉 "그러므로 여러분은 어떻게 살아가야 할지를 살피십시오. 지혜롭지 못한 사람처럼 살지 말고, 지혜로운 사람답게 살아야 합니다. □□을 □□□□□."

(5) 당신의 모든 소유로 헌신할 수 있습니다.

〈사도행전 17:25〉 "또 하나님께서는, 무슨 부족한 것이라도 있어서 사람의 손으로 섬김을 받으시는 것이 아닙니다. 그분은□□ □□에게 □□과 □□과 □□ □을 주시는 분이십니다."

## 6. 십일조를 꼭 해야 합니까?

(1) 아래 구절을 상고해 봅시다.

말라기 3:7-12

십일조를 안 하는 것은 하나님의 것을□□질하는 것이라고 하였습니다.

창세기 14:17–21

율법이 주어지기 전에 □□□□도 십일조를 하였습니다.

마태복음 23:23

□□□도 십일조를 소홀히 하지 말라고 하였습니다.

(2) 헌금의 진정한 원칙은 아래 구절에서 발견할 수 있습니다. 고린도후서 9장 6–11절을 읽고, 헌금의 원칙을 정리해 보세요.

6절 ____________________

7절 하 ____________________

8, 10절 ____________________

10절 ____________________

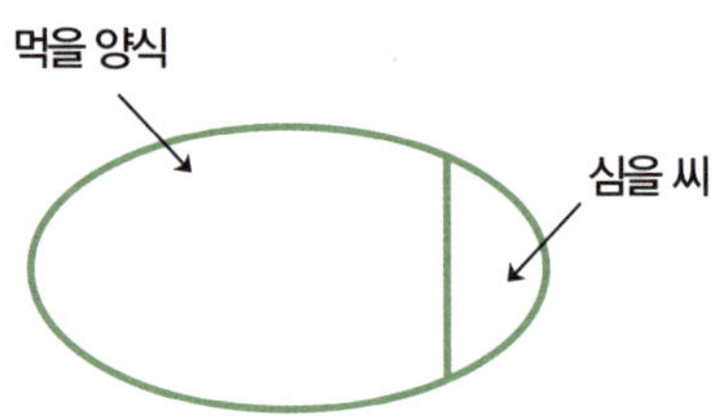

Memo

# 22 헌신의 결심

당신은 성경을 배워 가면서 스스로 헌신의 생활을 하고 싶은 욕구를 느끼고 있을 줄로 압니다. 그렇다면 그것은 말씀을 통하여 역사하시는 성령님의 섭리입니다. 당신은 이 은혜의 기회를 놓쳐서는 안 됩니다.

## 1. 헌신을 결단만 하는 사람이 아니라 실천하는 사람이 되어야 합니다.

〈야고보서 1:22-25〉 "말씀을 행하는 사람이 되십시오. 그저 듣기만 하여 자신을 □□□ 사람이 되지 마십시오. 말씀을 듣고도 행하지 않는 사람은 있는 그대로의 자기 얼굴을 □□ 속으로 들여다보기만 하는 사람과 같습니다. 이런 사람은 자기의 모습을 보고 떠나가서 그것이 어떠한지를 곧 잊어버리는 사람입니다. 그러나 완전한 □□ 곧 자유를 주는 율법을 잘 살피고 끊임없이 그대로 사는 사람은, 율법을 듣고서 잊어버리는 사람이 아니라, 그것을 실행하는 사람인 것입니다. 이런 사람은 그가 행한 일에 □을 받을 것입니다."

(1) 말씀을 행하는 사람이 되라는 것은 하나님을 위해서가 아니라 자신의 □을 위해서입니다.

(2) 말씀을 행함으로 얻어지는 복이 무엇이라고 했습니까?(25절)

______________________________

'헌신의 결심'이란 무엇일까요?

(3) 자유란 어떤 것입니까?

① 자신이 하고 싶은 대로 하는 것이다. (　　　)
② 해야 할 것을 하고 하지 않을 것을 안 할 수 있는 능력이다. (　　　)

## 2. 헌신을 하다 중간에 낙심하지 말아야 합니다.

(1) 마태복음 13장 3-8절에 나오는 밭의 종류를 기록하고, 각각의 밭과 사람의 마음의 상태를 당신의 말로 설명해 보십시오.

① ____________________
② ____________________
③ ____________________
④ ____________________

(2) 전도하는 것은 담 쌓는 것과 같습니다. 혼자 담을 다 쌓는 것이 아니라 많은 다른 사람들이 벽돌을 갖다 놓음으로 완성됩니다. 예수님을 영접시킨 사람에 의해 구원받는 것 같지만, 이 사람은 마지막 벽돌을 얹어 담을 완성시킨 것에 지나지 않습니다.

3. 헌신의 시기를 놓치지 않으려면 어떻게 해야 합니까?(고린도후서 6:1-2)

(1) "보십시오, 지금이야말로 □□의 때요."

(2) "지금이야말로 □□의 날입니다."

4. 그러므로 당신은 곧 헌신을 결심하십시오. 마태복음 4장 18-22절을 읽고, 부르심을 받은 제자들의 반응에 ○표 하십시오

① 생각의 여유를 달라고 한 후에 ( )
② 짐을 챙겨 집에 갖다 두고서 ( )
③ 부모님과 상의하여 허락을 얻고서 ( )
④ 그 즉시 ( )

5. 헌신을 결심한 당신은 그것을 꼭 실행해야 합니다. 사도행전 5장 1-6절을 읽으십시오.

(1) 누가 누구를 속였습니까?

______________________________

(2) 속인 것은 사람에게 거짓된 것입니까, 하나님께 거짓된 것입니까?

________________________________________

(3) 거짓의 결과는 어떻게 되었습니까?

________________________________________

당신이 헌신하고 싶은 욕구가 생겼을 때, 마음으로 다짐한 사실을 하나님께 약속하십시오. 그리고 즉시 실천에 옮기십시오. 그렇지 않고 머뭇거리면 당신의 그 귀한 마음은 곧 사라져 버려서 무익하게 될 것입니다.

# 23 헌신의 보상

당신은, 헌신의 생활을 하는 결과로 어떤 열매가 맺히는지 아십니까? 헌신은 성도들의 당연한 일입니다. 그러나 주님은 우리의 헌신을 그대로 지나쳐 버리지 않고, 좋은 것으로 보상하여 주십니다. 그러므로 우리는 주님께 감사드리지 않을 수 없습니다. 그러면 헌신의 생활에서 오는 은혜는 무엇입니까?

## 1. 염려에서 벗어나게 됩니다.

(1) 〈마태복음 6:33-34〉 "너희는 먼저 하나님의 □□와 하나님의 □를 구하여라. 그리하면 이 모든 것을 너희에게 더하여 주실 것이다. 그러므로 내일 일을 걱정하지 말아라. 내일 걱정은 내일이 □□□ 할 것이다. 한 날의 괴로움은 그 날에 겪는 것으로 족하다."

① 걱정에서 자유스럽기 위하여서는 어떻게 하라고 했습니까? 삶에서 올바른 우선 □□를 세운다.

② 걱정에서 완전히 자유하기를 원한다면 무엇을 배워야 합니까?(34절) 지나간 과거의 일을 □□하지 않고, 오지 않은 장래의 일을 □□하지 않고, 하루하루 사는 법을 배운다.

(2) 〈요한복음 14:27〉 "나는 □□를 너희에게 남겨준다. 나는 내 □□를 너희에게 준다."

'헌신의 보상'이란 무엇일까요?

(3) 사도행전 7장 55절에 환난을 당한 스데반이 괴로워했습니까?

예 : ______________ 아니오 : ______________

(4) 사도행전 16장 19–25절에 억울하게 옥에 갇힌 바울과 실라는 어떻게 했습니까?

______________________________________________________

## 2. 하나님은 결과가 아닌 충성에 따라 보상하십니다.

마태복음 25장 14–30절을 읽으십시오.

(1) 다섯 달란트 맡은 사람과 두 달란트 맡은 사람이 주인께 바친 결과에는 어떤 차이가 있습니까?

______________________________________________________

그런데 이들이 받은 칭찬의 차이가 무엇입니까?

______________________________________________________

(2) 하나님께서는 상급을 주실 때, 결과에 의하지 아니하고 얼마나 □□ 했느냐를 보십니다.

## 3. 헌신의 노력이 헛되지 않습니다.

〈고린도전서 15:58〉 "그러므로 나의 사랑하는 형제자매 여러분, □□서서 흔들리지 말고, □□의 일을 더욱 많이 하십시오. 여러분이 아는 대로, 여러분의 수고가 주님 안에서 헛되지 않습니다."

(1) 헌신에는 무엇이 따릅니까?

______________________________

(2) 하나님의 사역자는 천국의 □□을 바라보고 일하여야 합니다.

(3) 〈요한계시록 2:26〉 "이기는 사람, 곧 내 일을 끝까지 지키는 사람에게는, □□들을 다스리는 권세를 주겠다."

※ 금주의 성구를 암송하고 아래 빈칸에 써 보십시오(고린도후서 5:17).

______________________________

______________________________

가정교회 삶 공부 첫 단계 모든 과정을 마치신 당신에게 하나님의 크신 복이 임하시기를 축복합니다.

그러나 본 과정을 마쳤다고 해서 영적 훈련을 중단하시면 안 됩니다. 당신의 교회 목회자와 상의하여 계속해서 영적 훈련을 받을 수 있는지를 알아보시고 실천하시기 바랍니다. "나는 그대의 영혼이 평안함과 같이, 그대에게 모든 일이 잘 되고, 그대가 건강하기를 빕니다"(요한3서 1:2).

Note

Note

Note

Note

Note

Note

Note

Note

Note

Note

Note

Note

Note

Note

Note

Note

# 가정교회 삶 공부 첫단계

제1판 1쇄 발행 · 2009년 11월 25일
제2판 1쇄 발행 · 2009년 12월 25일
제2판 9쇄 발행 · 2012년 2월 25일
제3판 1쇄 발행 · 2012년 5월 15일
제3판 35쇄 발행 · 2025년 9월 12일

발행인 김용성
펴낸곳 요단출판사

주 소 07238 서울특별시 영등포구 국회대로76길 10
기 획 교회사역팀 (02)2643-7390
보 급 보급사역팀 (02)2643-7290 FAX (02)2643-1877
등 록 1973. 8. 23. 제13-10호



정가 6,000원
ISBN 978-89-350-1423-1 03230